EL GOCE DE LAS PEQUEÑAS COSAS

que son las que hacen
grande tu vida

Maite Bayona

El goce de las pequeñas cosas

que son las que hacen
grande tu vida

EDICIONES OBELISCO

Si este libro le ha interesado y desea que le mantengamos informado
de nuestras publicaciones, escríbanos indicándonos qué temas son de su interés
(Astrología, Autoayuda, Ciencias Ocultas, Artes Marciales, Naturismo,
Espiritualidad, Tradición...) y gustosamente le complaceremos.

Puede consultar nuestro catálogo en www.edicionesobelisco.com

Colección Espiritualidad, Metafísica y Vida interior
El goce de las pequeñas cosas
Maite Bayona

1.ª edición: septiembre de 2012

Corrección: Cristina Viñas
Diseño de cubierta: *Enrique Iborra*

© 2012, Maite García Bayona
(Reservados todos los derechos)
© 2012, Ediciones Obelisco, S. L.
(Reservados los derechos para la presente edición)

Edita: Ediciones Obelisco, S. L.
Pere IV, 78 (Edif. Pedro IV) 3.ª planta, 5.ª puerta
08005 Barcelona - España
Tel. 93 309 85 25 - Fax 93 309 85 23
E-mail: info@edicionesobelisco.com

Paracas, 59 C1275AFA Buenos Aires - Argentina
Tel. (541-14) 305 06 33 - Fax: (541-14) 304 78 20

ISBN: 978-84-9777-883-1
Depósito Legal: B-17.937-2012

Printed in Spain

Impreso en España en los talleres gráficos de Romanyà/Valls S.A.
Verdaguer, 1 - 08786 Capellades (Barcelona)

A mi hijo Dennis,
con infinito amor.

«Crea en ti la perfecta vacuidad.
Guarda la más completa calma.
Todas las cosas surgen del vacío
y regresan a él».
Tao Te Ching, XVI

Introducción

«Si quieres tornarte pleno, acepta estar vacío».
BYRON KATIE,
Mil nombres para el gozo.

El poder del vacío

En mi primer libro me propuse que llegásemos al Mundo Real, a un lugar donde dejamos de mirar el mundo a través de los ojos confusos de la mente. Es la mirada limpia de nuestro corazón valiente la que ve las cosas como realmente son; un mundo no ilusorio, un mundo sin conflicto. Este lugar especial es el efecto de haber limpiado profundamente la mente, de haber hecho un vaciado mental. La mente descansa y se regenera en el vacío. De ahí nace todo lo nuevo, es la forma en que la falta de armonía interior se disuelve, volvemos a nuestro equilibrio natural, volvemos a fluir. El vacío es el corazón de todas las cosas, todo surge del vacío y vuelve al vacío. A través del misterio del vacío, el camino que nos señala Lao-Tsé en el Libro del Tao nos devuelve a la esencia de la vida. La utilidad de una taza reside en el espacio libre en su interior. Si nos retiramos a la calma, a la no acción, a la no resistencia y al silencio los problemas acaban resolviéndose por sí mismos. Nos reencontramos con el placer en lo más pequeño e inmediato cuando hemos aprendido a volver, a regresar del viaje de la mente. Entonces empezamos a apreciar las cosas sencillas tanto o más que los grandes momentos. Las buenas sensaciones que buscamos en el exterior nacen dentro de nosotros y podemos disfrutarlas cuando creamos un espacio interior. Sentir una suave brisa es la felicidad completa si nos hemos vuelto humildes y sencillos. Es esencial vaciarnos de todo lo que nos hicieron, del dolor emocional, de las emociones perturbadoras, del deseo egocéntrico, de estados mentales negativos, como el miedo, y de ideas sociales, políticas y religiosas que nos condicionan. Esencialmente, vaciarnos de todo tipo de filtros que distorsionan nuestra percepción de la realidad. El espacio nos vuelve serenos y nos permite ver con la mirada clara del corazón, la que comprende la naturaleza profunda de las cosas. Y lo que subyace en el fondo de las cosas es la unidad del amor, la materia prima sutil que une a todos los elementos en el universo. Vamos a vaciarnos para poder tener una nueva perspectiva de luz desde donde todo está bien y es como debe ser. En el mundo espiritual, menos es más, el silencio absoluto es la expresión más pura de lo divino. En este libro se hablará del valor y la potencialidad del vacío, que nos trae una visión nueva y fresca del mundo. Vivimos muy ocupados, tenemos demasiadas cosas materiales innecesarias, demasiadas cosas que hacer y demasiadas cosas en que pensar. El ruido, los contenidos superfluos y las conversaciones banales son fruto de nuestras mentes que giran alrededor de los mismos patrones de pensamientos negativos que se repiten sin fin. Las ciudades son hormigueros donde muchas personas malviven en apenas espacio suficiente para tener una vida mental sana. Las calles, invadidas de tráfico y edificios, no dejan apenas un resquicio a la naturaleza. Hace tiempo que me fui de Barcelona para vivir en un pueblo de la costa y al bajar a la ciudad se me hace muy tangible la diferencia entre vivir con más o menos espacio vital. Espacio es igual a paz. En plena naturaleza nos sentimos en paz. Vaciarnos es volver a la paz. «El vacío absoluto de la mente es la paz absoluta de la mente», decía Krishnamurti. Al quitar lo superfluo de nuestra vida queda al descubierto un vacío de felicidad inigualable, y sin darnos cuenta nos encontramos gozando de lo más pequeño. El vacío tiene poder. En occidente, la palabra vacío tiene una connotación nihilista, pero en sánscrito se llama *sunyata,* y es una palabra que implica potencialidad para la existencia y el cambio. Así que es importante no confundir el vacío con la nada total. Tendemos a pensar que el vacío es inservible y que tiene que ser evitable, pero en realidad es la máxima potencia. Todas las posibilidades están en él. Podemos amueblar una habitación por el hecho de que está vacía, y llenar un recipiente porque no tiene nada dentro. En la actualidad nuestro espacio interior es inexistente, lo que nos imposibilita llenarnos de la esencia de la vida y experimentar la plenitud que da estar presente en las cosas más simples. Sin espacio físico no caben los objetos; sin espacio interior no podemos experimentar el alma de las cosas.

Cuento Zen

La Taza de té

Había una vez un hombre erudito que se jactaba de sus conocimientos y deseaba reafirmar su posición a través de la adquisición de nuevos aprendizajes. En su región vivía un excelente maestro y el hombre decidió visitarle para pedirle que lo aceptara como estudiante.

Una vez llegado a la morada del maestro, el hombre se sentó en la humilde sala de espera y miró alrededor con una clara —aunque para él imperceptible— actitud de superioridad. La habitación estaba casi vacía y los pocos ornamentos sólo enviaban mensajes de armonía y paz. El lujo y toda ostentación estaban manifiestamente ausentes.

Cuando el maestro pudo recibirle, y tras las presentaciones debidas, el primero le dijo: «Permítame invitarle a una taza de té antes de empezar a conversar». El hombre asintió disconforme. En unos minutos el té estaba listo. Sosegadamente, el maestro sacó las tazas y las colocó en la mesa con movimientos rápidos y ligeros al cabo de los cuales empezó a verter la bebida en la taza del huésped. La taza se llenó rápidamente, pero el maestro, sin perder su amable y cortés actitud, siguió vertiendo el té. El líquido rebosó derramándose por la mesa, y el erudito, que por entonces ya había sobrepasado el límite de su paciencia, estalló airadamente tronando así: «¡Necio! ¿Acaso no ves que la taza está llena y que no cabe nada más en ella?». Sin perder su ademán, el maestro así contestó: «Por supuesto que lo veo, y de la misma manera veo que no puedo enseñarte el Zen. Tu mente ya está también llena».

Vivimos con una atención desmesurada a nuestras necesidades materiales, y una falta de conciencia absoluta de nuestra necesidad de espacio. Estamos empeñados en hacer sin parar, perdiendo de vista que cada cosa realizada necesita espacio para nacer; las palabras y los sonidos necesitan el marco del silencio, el hacer necesita el no hacer para poder ser hecho, en definitiva, el ser necesita del no ser para existir. Sin espacio vacío nuestra vida se enrancia y se afea, y la falta de cordura nos atrapa. El vacío es una distancia que nos capacita para dar una respuesta sosegada y no reactiva. Vamos a indagar cómo y de qué podemos vaciarnos para reconquistar la paz y el poder perdidos. Vamos a ver qué nos roba espacio en la vida y qué nos lo da. Según como actuemos, el tiempo y el espacio pueden expandirse o contraerse, pues ambos son conceptos mentales. La atención consciente, el estado de presencia, altera por completo nuestra percepción de ambos. Al mantener la plena atención sentimos que podemos fluir, que la realidad se vuelve más ligera, menos angustiosa. Crear un amplio espacio interior dejará al descubierto la mejor parte de nosotros: nos sentiremos frescos, limpios, renovados. Será como haber pulido un diamante. Brillaremos.

> *«Para quien lo sabe amar, el mundo se quita su careta de infinito. Se hace tan pequeño como una canción, como un beso de lo eterno».*
> RABINDRANATH TAGORE,
> Pájaros perdidos.

El goce de las pequeñas cosas

> *Sé humilde, y te conservarás entero;*
> *flexible, y te mantendrás recto;*
> *vacío, y permanecerás lleno;*
> *consúmete, y serás renovado;*
> *al que menos tenga, más se le dará;*
> *al que más tenga, más le será restado;*
> *por esto el Sabio considera al Uno norma del Universo.*
> *No se exhibe, luego sobresale;*
> *no se celebra, luego es advertido;*

no se ensalza, luego merece elogio;
no se vanagloria, luego es insigne;
y porque no lucha, nadie en el mundo
puede luchar contra él.

Tao Te Ching, XVI

Me levanto por la mañana. Ya ha amanecido. Bajo al jardín a regar las flores. Siento la tibieza de los primeros rayos de sol en mi cara. Hay instantes tranquilos en que todo fluye, cada movimiento me hace feliz, cada respiración es un estar ahí totalmente. Cada vez que me he descubierto gozando a fondo de las cosas ha sido cuando estaba inmersa en los detalles más minúsculos de mi vida cotidiana. Sin embargo, lo que parece tan fácil no lo es tanto, pues precisamos atravesar nuestra ruidosa mente para llegar al lugar del que nunca nos fuimos salvo con nuestra mente. Nuestra forma de vivir es contraria a la ley del Tao «Sé vacío y permanecerás lleno». La mente insatisfecha busca siempre llenar el espacio pero no desprenderse nunca de nada, y así nuestra vida deriva en letargo, hastío e incapacidad para gozar de las pequeñas cosas. Nos quedamos atascados en anhelos, hechos del pasado, miedos y creencias que no dejan un lugar para las cosas que de verdad tienen valor. Instintivamente sabemos que para sentirnos bien hemos de quitar el pie del acelerador y darles un tiempo y un espacio a las cosas y las personas que son realmente trascendentes, pero acabamos avanzando a trompicones impulsados por algún hecho contundente que nos empuja al cambio. Nuestras mentes se han quedado sin capacidad, como en el cuento de la taza de té, y ya no pueden atraer la alegría. ¿De dónde surge el espacio? El espacio está ahí, es la cualidad de nuestra conciencia. En esencia somos espacio, vibración y luz. Si nos sentimos opacos y faltos de energía es porque nuestra conciencia está ocupada con tendencias negativas, miedos y necesidades. Nos llenamos de cosas, palabras, ruidos, quehaceres, deberes, compromisos, diversiones… Pero una vida llena no es lo mismo que una vida plena, sino todo lo contrario. Llenamos en exceso para acallar el malestar y el miedo que hay en nuestra conciencia. Una conciencia limpia y desnuda nos otorga un espíritu tranquilo. Dijo el maestro zen Taisen Deshimaru: «*Todo va a aquel cuyo espíritu está tranquilo y lleno de sabiduría*». Quizás ésta sea la razón por la cual no conseguimos que nuestra vida sea como la habíamos soñado. ¿Está tu espíritu tranquilo? ¿Eres capaz de tener deseos y a la vez renunciar a ellos y vivir el presente como es, sin ningún tipo de frustración ni resentimiento con la vida? La calma trae consigo la materialización de nuestros anhelos, pues quien vive tranquilo ya es feliz. Las pequeñas cosas no son obvias cuando nos empeñamos en llenar un espacio que necesita estar despejado. En este universo menos es más, morir es renacer, perder es ganar y vaciarse es llenarse del gozo que da apreciar lo más pequeño.

Hagas lo que hagas, ámalo

> «*Vivimos en el mundo cuando lo amamos*».
> RABINDRANATH TAGORE,
> Pájaros perdidos.

El título de este apartado es un consejo que Alfredo le da a Totó en la película *Cinema Paradiso,* de Giussepe Tornatore (1988), antes de marchar a una nueva vida. En la versión del director podemos oír esta frase iluminada. Amar lo que hacemos es el secreto para gozar de las pequeñas cosas. Esperar lo grande, pasar por alto las pequeñas vivencias que son la sal de la vida es no saber mirar. *Cinema Paradiso* nos hace llorar cada vez porque echando la vista atrás se nos muestra cuál fue la sal de nuestra vida, aquello por lo cual mereció la pena vivirla. En la escena final, cuando Salvatore visualiza las escenas cortadas de los besos que Alfredo le dejó, todo el pasado, del cual se había mantenido alejado tanto tiempo por miedo a la nostalgia, discurre frente a él. El pasado vuelve a estar ahí, intacto. Las cosas auténticas siempre perduran en el corazón: su infancia, el amor de padre y de amigo de Alfredo, el amor incondicional de su madre, el primer y único amor verdadero, el amor por el cine… Es cuando los hechos ya han pasado y no pueden volver cuando adquirimos capacidad para ver las pequeñas cosas que hicieron grande nuestra vida. Hace unos años, cuando sufría de desamor, no podía ver las pequeñas cosas que hicieron grandes esos años: mis amigas, en innumerables tardes de entrañables tertulias alrededor del té con galletas y chocolate, los cafés de la mañana llenos de confidencias, complicidad y cariño, la paella del domingo y el cocido del sábado, el calor y el apoyo de la familia y el cariño de mi hijo. Cada día seguía regalándome un nuevo amanecer, la música seguía sonando y los pájaros seguían poniendo banda sonora a las mañanas… pero mi espacio estaba ocupado por mi historia de dolor y no podía ver lo demás. Al volver la vista atrás es fácil ver que nunca me faltó el amor, únicamente no sabía mirar. Para aprender a ver tenemos que vivir todo un proceso interior de transformación en el que aprendemos a hacerle sitio a las pequeñas cosas que, aunque no veamos, siempre están ahí. Crear espacio interior nos ayuda a ver y a disfrutar de lo simple. Estar donde estamos, mirar atentamente sin añadir a ello nuestros pensamientos es amar nuestra vida. Aprender a amar nuestra vida como es es el mejor regalo que podemos hacernos. La gran tragedia es que la mente no nos deja vivir la vida mientras ésta transcurre.

El mundo al revés. Las pequeñas cosas son en realidad las grandes

> *«En lo sencillo está lo extraordinario».*
> PAULO COELHO,
> Escritor brasileño (1947).

El mundo a menudo nos confunde y no podemos ver la realidad más profunda de las cosas. Pasamos gran parte de nuestro tiempo corriendo tras las grandes ocasiones; una persona vale en apariencia tanto como tiene, porque es un gran actor, cantante, periodista, escritor, director de cine o directivo de una gran empresa, porque tiene una gran fortuna o porque es una persona con poder político o mediático. Estos medidores del éxito social son, de cara a la galería, lo que cuenta. Buscamos que nuestras pequeñas vidas tengan esa grandeza a nivel aparente, de hecho está de moda buscar la fama, algo grande por definición y por otra parte totalmente vacuo. Nos compramos el televisor de plasma más grande o nos vamos de viaje al rincón más lejano para luego poder explicarlo y enseñar las fotos; sin embargo no solemos explicar si hemos estado despiertos sintiendo la belleza ante nuestros ojos. En la búsqueda de lo grande lo pequeño nos pasa de largo, luego en el trascurrir de los días cada cosa encuentra el sitio que le corresponde; lo pequeño queda resaltado a través del tiempo, que acaba dando el justo valor a todo. Un día gris y normal se volvió brillante si alguien nos prestó atención o nos escuchó haciéndonos sentir valiosos; si la mente se paró y un hermoso cielo apareció ante nosotros o si pudimos sentir el aire fresco del amanecer. De un viaje recordaremos los olores en el ambiente, un rostro que llamó nuestra atención, un silencio o una palabra amable. De las personas que queremos, destacamos los momentos de conexión que hubo entre nosotros, en los que nos ayudaron o nos escucharon. La vida recordada son los detalles más que las grandes cosas. De mi expareja recuerdo, por ejemplo, que siempre se levantaba para prepararme el desayuno y tomarlo conmigo, fuese la hora que fuese, aunque él pudiera seguir durmiendo; de mis amigas las veces que me escucharon aun en los días en que yo no era la mejor compañía. Lo que se graba en nuestra memoria son las cosas más insignificantes o los pequeños instantes. Las personas que pasan por nuestra vida nos dejan la parte de ellos que comparten con nosotros, aquello que nos dan desde el corazón. Nos viene a la memoria cuando nuestra abuela nos defendía si nuestros padres nos reñían o las magdalenas caseras que nos hacía. De la mía recuerdo las migas andaluzas que comíamos sentados en círculo en el patio de la casa familiar. Hoy compramos a nuestros hijos el último modelo de videoconsola intentando recuperar la cercanía que se perdió porque no tuvimos tiempo de estar con ellos en esos momentos sencillos y cotidianos. Pero nuestros hijos recordarán si estuvimos a su lado el día que marcaron su primer gol en la liguilla local o si estuvimos ayudándoles a hacer los deberes o simplemente escuchándoles cuando nos explicaban sus cosas haciéndoles sentir valiosos en el día a día.

¿Cuántas cosas extraordinarias nos estamos perdiendo en este momento?

«Cada cosa tiene su belleza, pero no todos pueden verla».
Confucio,
filósofo chino (551 a. C.-478 a. C.).

A ciertas velocidades la belleza se vuelve invisible. Todo tiene su belleza; casi todas las situaciones y las personas tienen un lado hermoso, pero se necesita sosiego y aceptación de las cosas para poder reconocerlo. El alma calmada lleva consigo belleza allá donde va; no se trata de buscar desesperadamente bellos paisajes o situaciones especiales, sino de entrar nosotros mismos en ese alma del mundo de la que nos hablaba Paulo Coelho, que está hecha de amor. Una prueba de que es nuestra forma de vivir la que nos impide ver la belleza de lo pequeño es el experimento que realizó el Washington Post con el violinista Joshua Bell, uno de los mejores del mundo. Con su Stradivarius de 3,5 millones de dólares tocó de incógnito en el metro de Washington DC en una fría mañana de enero en plena hora punta piezas de Bach y de Schubert, que días después tocaría en un concierto en Boston para el cual todas las entradas, a 100 dólares cada una, estaban ya agotadas. Durante los 45 minutos que tocó, sólo siete personas se pararon brevemente a escucharlo recogiendo un total de 32 dólares. Así se comprobó que las mentes, en el frenesí de una mañana cualquiera, no pueden apreciar la belleza aunque la tengan justo delante. No es que no haya belleza en el mundo, sino que andamos por él de una manera tal que no podemos percibirla. Las mentes que consiguen pararse son las privilegiadas que percibirán esa belleza de lo pequeño, que entonces se hará a nuestros ojos extraordinario.

Lo pequeño se te revela en la quietud

«La belleza sólo puede percibirse con la mente serena».
HENRY DAVID THOREAU,
escritor, poeta y filósofo estadounidense (1817-1862).

Se ha dicho que la felicidad es como una mariposa que huye si la persigues, pero que puede posarse en ti si te quedas quieto. Y así es. Podemos reunir todas las condiciones del mundo para ser felices pero, finalmente, el secreto de la felicidad se nos revela cuando, como en el acto de la mariposa, nos quedamos quietos y en silencio y dejamos de huir de nuestra propia vida. Este libro habla del secreto que se esconde en el vacío: de silenciar, no hacer, escuchar, observar, retirarse un poco a un segundo plano para tener mejor perspectiva de las cosas que suceden. No hay otra manera de ver las tendencias negativas que nos hacen danzar de la euforia a la pena o quizás simplemente mantienen nuestra vida en los tonos grises de una existencia insípida. En mi propia experiencia, durante algunos años no me moví del gris. Después, empecé a sentir que la alegría surgía de mí, pero aún no era estable: iba y venía. Lo que siempre fue una constante fue la búsqueda de la verdad, querer descubrir los misterios y posibilidades que se encuentran dentro de nosotros. En mí se iba haciendo un poso de conocimiento, pero la verdadera comprensión sucedió en el no hacer, no pensar, no hablar, es decir al entrar en la potencialidad del vacío. Para descubrir lo pequeño hemos de indagar en aquello que se halla escondido en el silencio. Al callar se nos revelan los comportamientos de nuestro ego y el de aquellos que nos rodean. Al enmudecer quedan al descubierto las manipulaciones del miedo, la aversión a enfrentarnos a las cosas y los sentimientos que nos disgustan… Es curioso observar la propia vida y la de los demás y ver que cuando vivimos desde el miedo nos pasamos el día escabulléndonos. Utilizamos mil tretas diferentes para no ver las mentiras de nuestra propia vida. ¿De qué huimos cuando estamos aguantando cualquier tipo de maltrato? ¿De qué huimos cuando nos maltratamos a nosotros mismos? En realidad enfrentarnos a nuestros demonios es menos doloroso que huir de ellos. El miedo nos hace cobardes y conformistas. Nos apartamos de una familia con la cual no nos entendemos, en lugar de intentar entendernos con ellos. Pretendemos no ver la insatisfacción que nos produce nuestro trabajo con opios como el futbol o salir de juerga el fin de semana, o eludimos a una pareja que ha perdido la magia con la adicción al trabajo o con una amante. En las relaciones algunas personas prefieren huir del compromiso y empiezan múltiples idilios que acaban cuando aparece cualquier tipo de dificultad o la mínima obligación. Otros prefieren estar de forma ausente en una relación en la que ya no hay comunicación por miedo a enfrentarse a decir adiós con las consecuencias que ello conlleva. E incluso, como me sucedió una vez con alguien, marchan sin decir adiós después de haber compartido meses de intimidades y vivencias por no verse capaces de dar sus propias razones. Es más cómodo dejarse llevar por la ceguera de la cobardía que hacer el esfuerzo de explicar nuestra verdad. A veces cambiamos de pareja, de casa, de pueblo o de país para no enfrentarnos al malestar que nos producen todas estas cosas, pero el malestar está en nosotros, no fuera. Así que movernos de un lado a otro no nos impedirá seguir sintiéndolo. Pregúntate cuándo una acción que realizas es una huida de algo y ahonda en lo que puede haber detrás. Queremos que nuestra vida tenga magia, pero no nos atrevemos a mirar de cara y afrontar lo que hay para luego ser libres de poder intentar nuevas aventuras. Nos gustaría cambiar pero la comodidad, la pereza y la cobardía nos lo impiden. Buscamos una relación cuando estamos mal o sentimos que nuestra vida no tiene sentido; cuando lo correcto sería quedarnos solos y buscar la raíz de ese malestar, e intentar compartir cuando nos sintamos felices y con ganas de hacer dichosos a alguien. Es, primordialmente, el dolor emocional encubierto lo que nos lleva a mantenernos en perpetuo movimiento para no ver ni sentir lo que hay. Echamos mano de cualquier cosa que nos permita mirar para otro lado prolongando así la agonía. ¿Hasta cuándo vamos a huir de nosotros mismos? Es importante ver las cosas en profundidad, saber por qué actuamos, qué nos mueve, qué nos impide movernos. ¿Por qué nos quedamos dentro de una relación que nos destruye? ¿Por qué actuamos maltratando nuestro cuerpo y nuestra mente? ¿De qué huimos?

Creo que, como dice la escritora Marianne Williamson, nos asusta nuestra propia luz, aunque esto nos resulte difícil de entender. Vivir dirigidos por el miedo nos hace actuar en contra de su enemigo que es la luz. De ahí que tantas veces nos comportemos en contra de nosotros mismos y de los demás. En definitiva huimos de nuestra propia iluminación. Dejar la huida es quedarnos en calma, en silencio, escuchando la melodía de nuestra vida, aunque ésta esté por el momento llena de estridencias. Es entonces cuando empezamos a vivir nuestra verdad. También podemos caer en la trampa de utilizar nuestra práctica espiritual como una huida más. Hemos de estar muy alertas y vigilantes, pues nuestro último refugio sólo puede estar en nosotros. Se necesita mucho coraje para no evadirnos con cualquier cosa que nos insensibilice al dolor que sentimos al quedarnos quietos y en silencio; el ruido constante, la velocidad vertiginosa, el tabaco, el alcohol, las drogas, hablar por el móvil, el sexo, comprar compulsivamente o conectarnos a Internet pueden volvernos impasibles al dolor y llevarnos a una manera de vivir sin corazón. Quédate quieto y permítete sentir lo que hay en tu corazón. Ser valientes es no tener miedo de mostrarnos vulnerables y dejar al descubierto nuestras dificultades y debilidades. Estar presentes y continuar de pie cuando se nos muestra cómo somos y qué sentimos realmente. Hay razón para ser optimistas porque lo desagradable que descubrimos sólo es nuestra sombra. Recuerda que lo que dio origen a esa sombra fue tu luz y sólo esta última es real. Así pues no huyas, abre tu corazón y muéstrate tal cual eres. Déjate llevar, lo que vas a descubrir es, finalmente, lo más precioso que hay en ti. Cuando te quedes en sosiego y en silencio la mariposa de la felicidad vendrá a posarse en ti.

Abandonar la espera

*«Aunque viajemos por todo el mundo para encontrar
la belleza, debemos llevarla con nosotros para poder
encontrarla».*
RALPH WALDO EMERSON,
poeta y pensador estadounidense (1803-1882).

Me doy cuenta de que todos los seres humanos llevamos a cuestas una gran mochila llena de traumas y temas no trabajados: maltratos, culpas, rencores, temores, abandonos… La vida nos traerá en su momento la situación que nos permitirá trabajar esos traumas. Pero incluso con mochila a cuestas no hay motivo para no abandonar desde este mismo momento el compás de espera en el que nos encontramos. Esperamos el momento en el cual nuestros problemas se hayan resuelto y podamos disfrutar de un poco de paz. Pero las cosas no funcionan así, las situaciones ideales cuando suceden tampoco son duraderas, así que si en algún sitio está la felicidad es dentro de ese espacio de conciencia que se abre ahora mismo ante nosotros pero que no podemos ver al estar distraídos con todos los problemas que tenemos. Nuestra situación de vida eclipsa nuestra vida. No importa lo que estés haciendo ahora mismo: sentado en un autobús camino de casa, hablando con un compañero de trabajo, poniendo una lavadora, discutiendo con tus hijos, en la cola de la ventanilla para pagar tus impuestos o en la cola del paro… a pesar de los mil problemas por solucionar, tu propia vida te está esperando ahora. No hay nada que te impida entrar en un estado de calma en cualquier momento, incluso mientras escuchas los gritos de tu jefe. El estado de presencia nos devuelve el goce de las pequeñas cosas y la verdadera posibilidad de cambiar nuestra vida, pues desde la calma todo se ve con ojos más compasivos que nos llevan a tomar decisiones más sabias. En cualquier situación complicada hay un «ahora» más allá de los problemas donde podemos abandonarnos a la corriente de la vida cediendo el control de las cosas. Abandonar la espera es la decisión que realmente nos lleva a empezar a vivir. Yo vivía en un compás de espera y, cansada de esperar a que las cosas cambiasen, un día finalmente me detuve. En ese acto el mundo también se paró y pude ver. Vi que había vivido huyendo de mí misma, buscando seguridades fuera de mi persona, y que todos los que tenía a mi alrededor también se enfrentaban a sus propias mentiras. Vi que nadie quiere ver, que pocos se detienen a mirar en su propia vida. Lo que veía hizo nacer en mí un sentimiento de tristeza sin condiciones, todo me conmovía y era motivo de mi compasión. Ver cómo había abandonado mi entorno inmediato, mi propia vida, buscando fuera la fuente de felicidad. Ese dolor transformaba mi resentimiento en perdón, pedí perdón al mundo y me perdoné a mí misma. Había sido esclava de mil miedos. Ahora mi corazón se abría y la pena brotaba con gran fuerza sanadora; no podía sentir más que perdón. La vida ahora empezaba a cada momento, sólo porque había decidido detenerme y mirar alrededor. Había comprendido por fin que nunca hay nada más allá, sino que todo lo que pueda encontrar en cualquier destino futuro siempre nace en este preciso instante.

Ganar belleza

«¡He perdido mi gotita de rocío!, dice la flor al cielo del
amanecer, que ha perdido todas sus estrellas».

RABINDRANATH TAGORE,
Pájaros perdidos

Los paisajes bellos tienen mucho que ver con los horizontes lejanos, desde las alturas el panorama es siempre más impresionante. Ver la inmensidad del mar desde un acantilado o una cordillera desde la cima de una montaña. La vista es más bella si entre nosotros y lo que vemos hay un espacio de perspectiva. Y no sólo la distancia física nos permite admirar la belleza, también la distancia que nos da el tiempo nos hace ver bellas las cosas que de cerca no lo parecían tanto. Vistas en retrospectiva, personas que en su día nos enervaban y nos parecían llenas de defectos nos parecen entrañables; una forma de hablar o de vestir, un peinado, un gesto… También hechos o lugares vistos a través del túnel del tiempo nos revelan pequeñas cosas en las cuales la mente no nos dejó reparar en su momento; los lugares de la infancia, un viaje realizado en algún momento pasado, algo ocurrido hace tiempo…. La distancia nos da una visión más real de las cosas. Las cosas vistas como son nos revelan su verdadera belleza. También el sentido del humor es una distancia que nos deja ver el lado cómico de hechos que de otra manera nos harían enfurecer o entristecernos. Te invito desde estas páginas a convertirte en un ave libre que desde lo alto pueda contemplar la belleza de las cosas. Ganar vista de pájaro, reflexión, respuesta pausada. La intención de este libro es hacerte reflexionar sobre el vacío necesario.

No solamente es importante pensar, hacer o tener; no pensar o simplemente ser pueden ser cosas aún mucho más importantes. Un descanso nos regala un mundo que luce distinto y un semblante más alegre. La mente egoísta sólo percibe caos, pero piensa que en el camino de la vida siempre te encuentras contigo mismo, en cada persona que te encuentras y en cada experiencia que vives hay algo de ti. Como decía Osho, el bote siempre está vacío, nadie te está haciendo nada nunca. Sé capaz de mirar las cosas como lo que son. Si lo que ves es bueno, disfrútalo, y si no te gusta admite que alguna vez eso fue parte de ti, intégralo en tu realidad para sanarlo. Luego deshazte de lo caduco para siempre. Ojalá puedas ver la belleza de cada amanecer, ojalá sientas que perteneces a algo más grande que tu pequeño mundo. No estamos solos en el universo, somos parte de él. Date un respiro, empieza a ir a un ritmo más pausado y deja que el espacio vacío convierta tu vida en algo intenso, vivo, musical y bello.

Cuento Zen

Un maestro parecía obsesionado con una sola idea. Cada vez que tenía contacto con sus alumnos, les repetía la misma palabra:

—Vaciaos, vaciaos.

Tanto insistía el maestro con esta cuestión, que sus alumnos comenzaron, secretamente, a cuestionar esta enseñanza. No veían en ella ningún sentido. Un día, respetuosamente, le dijeron:

—Maestro, no queremos poner en duda tus enseñanzas, pero…¿podrías decirnos por qué pones tanto énfasis en que nos vaciemos?

—Cuestionar para aprender e investigar es una buena práctica. Pero no puedo responderos con una respuesta llana a vuestra pregunta. Pero os solicito que mañana os reunáis conmigo en el santuario, trayendo cada uno un vaso repleto de agua.

Los discípulos, asombrados e incluso un poco incrédulos, siguieron las instrucciones.

—Ahora vais a hacer algo muy simple. Golpead el vaso con las cucharas. Quiero escuchar el sonido que producen.

Los alumnos golpearon los vasos. No brotó más que un sonido sordo, apagado, sin gracia. Entonces el maestro ordenó:

—Ahora, vaciad los vasos y golpeadlos nuevamente.

Así lo hicieron los monjes. Una vez que los vasos estuvieron vacíos, volvieron a golpearlos con las cucharas. Surgió un sonido intenso, vivo, sin duda más musical.

Los monjes intuían la enseñanza:

—Así como un vaso lleno no emite sonidos agradables, con una mente atiborrada de conocimientos o contenidos, difícilmente llegaremos a lo esencial del ser.

Cada paso es importante

«Cuando crezcas, descubrirás que ya defendiste mentiras, te engañaste a ti mismo o sufriste por tonterías. Si eres un buen guerrero, no te culparás por ello, pero tampoco dejarás que tus errores se repitan».
PAULO COELHO,
escritor brasileño (1947).

Una persona que había leído mi primer libro *Conquista tu felicidad* me explicó que a pesar de que por sus manos habían pasado infinidad de libros que te ayudan a ser feliz, no conseguía llevar esos conocimientos a la práctica y seguía sufriendo por las carencias que había en su vida. ¿Qué podemos hacer cuando ya lo sabemos todo y nada cambia? Desde luego, empezar a ponerlo en práctica. Si compramos todos los ingredientes para preparar un plato, los dejamos encima de la mesa de cocina y marchamos a hacer otra cosa nada ocurrirá. Ahora nos toca lavar, cortar y mezclar los ingredientes y dejarlos que se hagan a fuego lento. Sólo entonces podremos disfrutar de una deliciosa comida. Todo eso cuesta un poco de esfuerzo, pero ya hemos comprado la comida ¡es algo importante! Poco a poco iremos más allá. Cada paso es importante. Tener conocimientos no lo es todo, pero es necesario llegar al conocimiento para poder ir integrándolo poco a poco a nuestra vida. Podemos poner en práctica la sabiduría adquirida sobre la vida desde que amanece hasta que anochece, estés solo o acompañado. Cada momento de la vida nos pide una respuesta. Cada respuesta puede ser acción iluminada. En realidad, como dijo algún sabio, no existen personas iluminadas sino solamente acción iluminada. El egoísmo oscurece las acciones, y el amor las ilumina. Si tu intención es amorosa, aunque el que la reciba piense que le estás fastidiando, actúas de forma iluminada. Desde la alborada puedes hacer que la luz esté detrás de todas tus acciones y decisiones. Puedes demostrarte amor en cada acto y dárselo a otros. Cada acción habla de ti, de lo que te quieres y de lo que das al mundo. La vida es una gran escuela que nunca cierra. Siempre estamos aprendiendo. Incluso cuando pensamos que nada ocurre, mira otra vez y verás que siempre está ocurriendo algo.

La paradoja del vacío

«Aprender es acumular algo día a día. La práctica de la sabiduría consiste precisamente en disminuir esa suma».

LAO-TSÉ,

filósofo chino (siglo VI a. C.).

Cuando perdemos las palabras y los deseos el mundo gana en profundidad y belleza. Nuestro espíritu se transforma con el silencio y el abandono de la idea de poseer. Todo será exactamente igual que ayer pero nos parecerá que todo ha cambiado. La paradoja del vacío nos muestra que nunca nada es lo que parece, al encontrarse todas las cosas en constante fluctuación; al vaciarnos nos llenamos de vida, al soltar recibimos, al perder ganamos, al rendirnos vencemos y al morir renacemos a una vida diferente. Conseguimos vaciarnos cuando dejamos de querer abarcarlo todo; dentro de la paradoja, querer abarcar es la forma de perderlo todo. Ir deprisa a todos lados para llegar «a todo» nos obliga a pasar de puntillas por todas las cosas, restándole a lo que hacemos calidad y atención amorosa. Al sucumbir a la vorágine, físicamente estamos entre la gente pero nuestro espíritu se queda colgado de un anhelo de felicidad futura. Nuestros ojos recuperan la frescura y lo pequeño queda resaltado al pararnos a mirar las cosas sin ideas preconcebidas y sin ponerles rápidamente un nombre. Las cosas que aún no tienen nombre, las historias que aún no han sido inventadas y la ausencia de la necesidad de control llama a los milagros cotidianos que suceden ante la mirada del que se ha parado a mirar con el asombro de los niños, de las manos que hacen con la atención de una madre amorosa y de las mentes que aprenden a desaprender los límites que un día se trazaron en nuestro horizonte de vida.

La realidad cotidiana como fuente de placer

«Si no te sientes liberado gozando del profundo placer del mundo sensorial, ¿acaso tu conocimiento es perfecto?».
SARAHA,
gran maestro budista que vivió en un período indeterminado
entre el siglo II y el siglo VII.

Para llegar a una manera profunda y consciente de vivir, el ser humano ha de aceptarse y amarse a sí mismo y al mundo que le rodea. A veces la rotura interior que experimentamos tras una crisis nos lleva a la sensibilidad y, a través de ella, a recuperar el placer por las pequeñas cosas. Una vida digna es la que se experimenta plenamente, no la que es un lento morir. La plenitud es el estado natural del ser, cada uno de nosotros es pleno en su interior, pero la falta de atención que se deriva de nuestros procesos mentales nos hace experimentarnos separados e indignos. Todo lo que buscamos se halla ya en nosotros, pero al vivir inconscientes no lo vemos. Estar presente en las sensaciones que nos llegan a través del mundo sensorial puede ser el camino a la plenitud ¿Cómo podría experimentarse el mundo si no es a través de los sentidos? La espiritualidad es dejar emerger la conciencia en cada minúsculo acto de nuestra vida, volver al momento en que vivimos olvidándonos de proyectar y de esperar. Un breve instante sintiéndonos presentes nos hará anhelar de nuevo esa vibración viva y alegre. La práctica de la meditación nos ha de servir para aprender a vivir de forma consciente y dejar de reaccionar a las cosas de forma automática e inconsciente, no para aislarnos en una nube divina; lo importante es la vida vivida con la ilusión de los niños. La atención sobre la realidad cotidiana es una forma sencilla y directa de aprender a vivir en el estado de presencia. En el camino hacia el éxtasis cotidiano también habrá sombras; entonces se tratará de vivirlas de la misma forma consciente; estar de la misma forma en el sabor de la alegría o en el de la tristeza. Siempre me dio repelús la aridez del mundo religioso; la castración de los sentidos me parecía realmente antinatural; si el espíritu está unido a la vida sólo puede ser a través de los colores del mundo, de sus olores, texturas y sabores. Me resulta más fácil comulgar con la idea de los maestros tántricos de que el deseo es la señal de la creatividad sin fin de la conciencia, idea que comenta Daniel Odier en su libro *Deseo, pasión y espiritualidad*. Los maestros tántricos nos hablan de un deseo que no depende de un objeto; para ellos toda la realidad vibra y es objeto de deseo. Perpetuamente enamorados de la realidad, cada cosa que encuentran les ama a ellos más que al revés. El cielo, las nubes, el agua o los árboles desean al yogui, que nunca fija el deseo en un objeto solamente. Saben que el apego es la muerte del éxtasis y el comienzo del sufrimiento.

Sintonizarse con el estado de presencia

> *«No hay huella de lo absoluto fuera de la realidad».*
> BODHIDHARMA,
> monje budista, fundador del budismo Zen (siglo V-VI d. C.).

Es en el estado de presencia donde podemos llegar al fondo de nosotros mismos, un estado en el que pisamos el mundo con la intención de experimentar con todo lo que se presente sin querer evitar nada de lo que nos encontramos. Si seguimos nuestra espontaneidad natural y aceptamos lo que llega, el mundo se irá abriendo a nuestro paso. La sintonización con nuestra presencia natural empieza a través de las sensaciones que percibimos a través de nuestro cuerpo: fijándonos en cómo respiramos, sintiendo los latidos de nuestro corazón, percatándonos de las durezas que esconden nuestros músculos contracturados por nuestro tenso vivir. Al caminar por la calle nos mantenemos alerta a todas las sensaciones que nos llegan desde el exterior: la luz del día, el frío o el calor, la sequedad o la humedad del aire, los dibujos de las nubes o el color del cielo. Después miramos cómo se siente nuestro cuerpo al caminar, el movimiento de nuestros pies y nuestras caderas y la postura inconsciente que adoptamos al ir por la vida. Y seguimos más hacia dentro observando las sensaciones que hay en nuestro interior de comodidad o incomodidad, de inquietud o calma, de alegría, nostalgia o apatía... Volviendo una y otra vez a la conciencia de todas estas sensaciones dentro y fuera de nosotros nos iremos sintonizando con un estado de satisfacción y placer profundos, en el cual angustias e inhibiciones se van diluyendo permitiéndonos cada vez más captar el mundo más cercano. La relajación y el placer que sentiremos al entrar en el estado de presencia no dependerá de nada ni de nadie. Ya no tendremos que esperar nada que dé significado a nuestra vida pues de esta manera cada movimiento tendrá sentido. Sin esperanzas, juicios ni miedos nos enamoraremos de la vida, y el alma de las cosas se nos irá revelando a cada paso. El mundo, antes pequeño, se desplegará ante nosotros hasta el infinito para que podamos ir disfrutando de los pequeños placeres que hay en las sensaciones más insignificantes. Nuestro cuerpo es el templo donde podremos experimentar todas las sensaciones que nos lleguen del mundo. Sin rechazar nada todo será absorbido por nuestro estado de presencia; sin razonamientos ni nombres, nuestra conciencia jugará con el mundo de las formas viviendo a través de los sentidos, pero sin miedos que nos enreden en ellos; desde la confianza, el mundo nos pertenece completamente en este instante. Estar en contacto con lo más cercano es una forma de desprendernos de todo lo que no es ahora, de vaciarnos de leyendas del pasado y películas del futuro y recuperar el gusto por la vida.

Respirar la vida

«El redescubrimiento de nuestra respiración espontánea, nos descubre que es imprescindible sentirnos para vivir plenamente nuestra vida. (...)Respirar espontáneamente tu vida hace que estés en contacto con la fluidez, con el respeto, con el presente y con tu realidad en cada momento. Pero esto hay que redescubrirlo cada día y sólo se consigue con nuestra continuidad y constancia».
LLUÍS RIOLA,
profesor de Katsugen Undo (1959).

El hilo que nos une a la vida es la respiración. Al morir, nuestra respiración cesa y el cuerpo muere. Estamos vivos gracias a la respiración, puede parecer demasiado obvio pero es algo que olvidamos todo el tiempo. Es bastante frecuente que a ratos nos olvidemos de respirar y es nuestro cuerpo el que vuelve a tomar aliento por nosotros. En nuestros días de ansiedad y problemas retenemos nuestra respiración o ésta se vuelve superficial. Pero en cualquier momento podemos volver a nuestra respiración natural para conectar con nosotros mismos y con la vida que discurre ahora de una forma más profunda y sosegada. La fuente de la vida es un vaivén de tensión y distensión, inspiración y espiración; si ese vaivén cesa a causa de las tensiones diarias nos bloqueamos y éstas quedan acumuladas en nuestros tejidos. La respiración natural, la que observamos en los bebés cuando su barriguita sube y baja, puede ayudarnos a recuperar la fluidez. Podemos respirar los instantes, las emociones, los paisajes, las personas... Todo puede ser respirado: lo bueno para disfrutarlo y lo no tan bueno para vivirlo y poder después dejarlo pasar. Ganar conciencia de nuestra respiración natural puede llevarnos de vuelta a una vida que, de tanto proyectar y esperar, no llegamos a vivir nunca. La respiración es algo tan sencillo que la pasamos por alto; pero, aunque simple, es la única manera de volver aquí. Por muchos libros que leamos, si no volvemos a nuestra respiración consciente se nos escapará la vida. Gozar de las cosas pequeñas va de la mano de la conciencia de la respiración natural. Vivas lo que vivas respira y vuelve aquí una y otra vez para encontrarte con esas pequeñas cosas que van a enriquecer tremendamente tu vida. Si no estás en tu respiración no estás viviendo. Descubre tu mundo más cercano sintiéndote a ti mismo a través del aliento de tu respiración. Con la respiración natural entras en el ahora, un lugar sin tiempo donde puedes sentir tu esencia serena. Todo lo que percibes y sientes en ese lugar eres tú. Conmuévete con cada instante. Lo sagrado está en ti cuando puedes deleitarte con cada respiración.

No elegir

«Si cualquier lugar es sagrado, ya no hay por qué elegir».
DANIEL ODIER,
Deseo, pasión y espiritualidad

Sólo podemos tocar la vida en lo más profundo cuando comprendemos que todos los lugares y todos los momentos son sagrados y que no tenemos que elegir. Nuestra naturaleza original es cercana, profunda, sencilla y maravillosa; demasiado para que una mente lejana, superficial y complicada pueda entenderla o acercarse a ella. La mente va todo el tiempo en busca de algo que ya está aquí y por eso no lo encuentra. Cuando nos demos cuenta de que no hay que elegir, de que todo lo que hay es todo lo que necesitamos en este momento, un espacio sagrado se abrirá ante nosotros. No necesitamos acumular, acaparar ni aferrarnos, pues la mente sosegada siempre dispone de todo en abundancia. Dejemos de perseguir lo inalcanzable porque nada viene del exterior. Todo lo que buscas ya está ahí; tú eres lo que buscas. Párate y ábrete a la vida, relájate y recupera tu sensibilidad a través de la conciencia de este momento. Si hay plena atención ya nada faltará ni será trivial. Si no eliges no hay fluctuación de la mente, entonces hay presencia. Entra de lleno en tu vida cotidiana dejando emerger la conciencia de forma natural. Toca profundamente la vida ahora a través del amor a todo. La búsqueda de un solo objeto nos vuelve neuróticos; no elijas, ámalo todo y emergerá en ti el espacio de la conciencia.

Un espacio lleno de silencio

*«Pues que se prende en ti el polvo de las palabras muertas,
lava tu alma en el silencio».*
RABINDRANATH TAGORE,
Pájaros perdidos

El Secreto que alberga la mente silenciosa

*«El agua chispea en la tinaja y está oscura en el mar.
La verdad pequeñita tiene palabras de luz;
la grande es toda silencio».*
RABINDRANATH TAGORE,
Pájaros perdidos

Dentro de la mente silenciosa hay un espacio, que lejos de ser un árido vacío es una reserva de energía y creatividad sin fin. Cuando lo descubres, realizar tus tareas se convierte en algo fluido y placentero, una alegría te nace de dentro y sientes que no es por nada especial que te esté pasando. En medio de la prisa, el jaleo y los problemas empiezas a ver, a ser consciente de quién eres y cómo llegaste hasta aquí. En medio de los problemas sentir tu propia presencia es un bálsamo. Estás empezando a ver y a sentir porque estás creando espacio. Si careces de ese espacio la inquietud te invade y sales al mundo sensorial buscando placeres y experiencias que te aquieten, pero los actos compulsivos te harán perder la distancia desde la que se disfruta y se valora la vida. Veo la vida y me parece perfecta en su imperfección y veo también que no tenemos conciencia de ello, es decir, espacio para percibirlo. Vivir con una mente silenciosa ya es un sueño hecho realidad. La mente callada resalta las cosas normales con una luz especial; los colores de las hojas de los árboles y cómo se mueven mecidas por el viento, el runrún del oleaje, el canturreo de los pájaros o los bellos colores del cielo al amanecer destacan en el foco ampliado de una mente que es todo silencio. Este secreto del silencio se hace evidente cuando la soledad te sabe a perfecta compañía y cuando la vida te parece suficientemente entretenida y estimulante sin tener que llenarla de estímulos artificiales. Sobre todo empiezas a saber de él cuando dejas de estar absorto en estados mentales de descontento o ansiedad, o cuando cada ser humano te parece digno de tu amor incondicional. El silencio te devuelve al goce de las pequeñas cosas, que son las que convierten tu vida en algo grande.

La dimensión oculta del espacio

> *«Nuestra verdadera naturaleza nos abre a lo ilimitado».*
> JACK KORNFIELD,
> Camino con corazón

Lo llamo secreto porque verdaderamente no eres consciente de que en ti se halla lo infinito, lo incalculable. Tu ego/personalidad está construida a base de límites, así que es difícil creer que hay alguna otra realidad más allá. Pero la hay. Hay algo que va mucho más lejos de lo que hayas podido pensar o imaginar hasta ahora. Existen infinitas capacidades y sensaciones dentro de ti. Todo lo imaginado y lo que podrías imaginarte. Hay una puerta por la cual puedes traspasar lo limitado y sumergirte en lo inacabable. Esa puerta es tu mente silenciosa. A través de ella percibirás la mente pensante como un pequeñísimo aspecto de ti. Tu ser es mucho más que lo que piensas. Sin etiquetas, juicios o comparaciones te separas del pensamiento, y la dimensión del espacio emerge en ti de forma muy clara. La cosmóloga y física cuántica Lisa Randall afirma, en una entrevista de «La Contra» de *La Vanguardia* (24/12/11), que el cosmos tiene dimensiones ocultas, quizás nueve, diez o incluso más, según lo que llaman «teoría de cuerdas». Incluso añade que ha llegado a la conclusión de que hay una dimensión extra infinita:

«Sólo el 4 % del universo es materia: las estrellas, el Sol, los planetas, usted y yo... el 23 % del universo es materia oscura (...), la energía del vacío, un campo que ocupa todo el espacio».
LISA RANDALL,
cosmóloga y física cuántica, USA (1962).

Las palabras no pueden definir lo que somos, más bien son ellas las que estorban para sentir lo que somos. Somos paz y claridad pero no hay más forma de sentirlo que entrando en el silencio. La mente traza los límites que nos acorralan, fuera de ellos hay un espacio infinito donde todo es posible, incluso hacer realidad tus sueños más increíbles. Las formas (pensamientos, emociones, percepciones de los sentidos) no podrían existir sin la dimensión oculta del espacio. Este vacío es el lugar de origen de todas las cosas, la platea del anfiteatro de la vida desde donde podemos ver el teatro de nuestras formas autocreadas. Nuestra vida será plena y satisfactoria dependiendo en gran parte de lo conscientes que seamos de esta dimensión oculta en nuestro interior; del tiempo que descansemos en la conciencia desnuda y atemporal. El silencio diluye los miedos profundos y los obstáculos en nuestra conciencia que nos impiden experimentar la vida a fondo. La mente silenciosa nos devuelve a un espacio puro e infinitamente creativo. El vacío nos lleva de vuelta al origen de todo, al principio creador desde donde nuestra vida puede volver a comenzar a cada instante.

El ego

«Si echo mi misma sombra en mi camino, es porque hay
una lámpara en mí que no ha sido encendida».
RABINDRANATH TAGORE,
Pájaros perdidos

El conjunto de todas las historias hacia las que huimos con la mente forman nuestro ego, una entidad que vive siempre fuera del ahora, fuera de la vida. El ego es la parte de nosotros que no quiere relacionarse con la vida aquí y ahora. Está ocupado por lo que pasó o lo que pasará porque en el fondo huye siempre de algo a lo que no quiere enfrentarse. Huye de la parte dolorosa de la vida. El ego no tendría cabida en nuestra vida si aceptásemos el momento presente en cualquier forma que este adoptase. Nuestra realidad está hecha de historias que se crean en el espacio de nuestra conciencia; un espacio hecho de un silencio que es lo más parecido a nuestro estado natural de felicidad. Si dejamos de percibir ese silencio nuestras propias creaciones nos atrapan, igual que las emociones tóxicas como la impaciencia y la ansiedad que se derivan de creernos la ilusión creada por nosotros mismos. Identificados totalmente con nuestras posesiones o relaciones, cuando éstas se acaban llega el desencanto. Recuerdo la historia de Pinocho cuando los malhechores le llevan al parque de atracciones donde encontrará todos los dulces, caramelos y diversiones que podría desear. Es el viaje del alma que aún no ha experimentado la verdad. Todo seduce a Pinocho, éste se deja llevar hasta que cae en las redes de los malvados. Dejarse llevar por los placeres y por las formas efímeras sin haber echado raíces en la conciencia tiene como fijo resultado una desilusión final. No está ahí aquello que profundamente anhelamos. El mundo ilusorio no puede saciar nuestra sed si antes no hemos conocido profundamente quiénes somos, nuestro poder silencioso. Hallamos nuestro silencio después de haber afrontado la vida tal como es y haber transcendido el dolor. Cuando nos paramos a vivir el presente, el pasado y el futuro ya no existen. Pero nuestra mente huye siempre del presente y en su inquietud se vuelve tremendamente ruidosa y veloz. Su continuo trajín interno le impide percibir su entorno en profundidad. El ego es una mente siempre insatisfecha y deseosa, enfermiza, mezquina y ajena a las necesidades de los demás, ignorante de su naturaleza real. Una vez conocí a unas personas muy ricas pero poseídas por el frenesí de una mente insatisfecha. Su gran necesidad de tenerlo todo bajo control me provocaba una gran compasión. Ver sus ojillos inquietos, incapaces de fijar la mirada me transmitió la angustia del que sabe en el fondo de su ser que el dinero puede darte el confort pero no puede darte la profunda satisfacción del alma. Un mundo distinto es posible, pero para ello hemos de dejar espacio libre en nuestra conciencia. Siente la conciencia, el espacio, porque eres eso. Mira el ego y comprende que lo que ves son patrones de miedo aprendidos que el mundo te devuelve en forma de espejo. Desde nuestro espacio interior podemos ver estos patrones y deshacerlos. El ego se disuelve en ese espacio dentro de nosotros que contiene una vibración que cura las heridas más profundas del alma, porque de él emana un amor profundo que nos expande y nos hace perder la sensación de límite alguno con el mundo. En esa vibración nos sentimos libres y confiados; sabemos que nadie nos dio ni nos quitó nada nunca, que todo nació siempre de nosotros. El ego es la ilusión de separación que se pierde al expandirnos en el espacio infinito de nuestro amor incondicional.

«Aprender a gozar de los placeres simples es descondicionarse poco a poco de nuestra búsqueda de placeres intensos, que son los únicos que nos despiertan de nuestro torpor sensorial».

DANIEL ODIER,
Deseo, pasión y espiritualidad

MENTE SILENCIOSA, MENTE ESPACIOSA. ¿QUÉ ES EL ESPACIO MENTAL?

«La oscuridad, el vacío, el espacio donde a la mente le aterra entrar es el inicio de toda vida. Es la matriz del ser».

BYRON KATIE,
Mil nombres para el gozo

«(…) La mente es un espacio claro de conciencia que lo contiene todo. En este espacio descubrimos nuestra verdadera naturaleza».

JACK KORNFIELD,
Camino con corazón

El objetivo de este libro es transmitir la idea de que el espacio mental es vital para poder sentirnos en plenitud, desarrollar todo nuestro potencial y hacer realidad nuestros sueños. Pero ¿qué es la mente espaciosa? Hay actividades y actitudes que expanden la mente y otras que la contraen. Imaginemos que vivimos en un apartamento de treinta metros cuadrados en medio de una gran ciudad compartido con otras personas con las que no tenemos afinidad. Aunque nos cueste imaginarlo, hay gente que vive así. Ahora imaginémonos viviendo en un espacio amplio y confortable que compartimos con personas afines situado en plena naturaleza, junto al mar o en el campo. Son dos experiencias de vida totalmente diferentes. Una nos hace sentir bien y otra mal. Cuando nuestra mente más pequeña se halla activada nos sentimos como si viviésemos en un apartamento de treinta metros cuadrados con nuestra suegra, si se me permite la gracia. El espacio se nos hace muy pequeño y la vida nos estresa. Esta mente estrecha es la mente que surge de tener actitudes egoístas y de miedo. Por el contrario, la mente espaciosa, una mente que ama y confía, vive lujosa y confortablemente en amplios espacios. En el budismo se distinguen dos tipos de mente. La mente que utilizamos a diario es una mente de muy reducidas dimensiones, cuando está activada no hay lugar para la observación y la conciencia. Con la práctica de la meditación intentamos desconectar ese tipo de mente que los budistas llaman mente burda. En esa mente no caben los demás, todo gira alrededor de nosotros: sólo podemos ver nuestro propio sufrimiento y pensar en nuestro propio beneficio. La otra mente, llamada en budismo la mente sutil, sólo puede percibirse cuando se para la primera. En *Conquista tu felicidad* ya vimos que esto sucede a veces sin pretenderlo, como en los momentos de peligro vital o en contacto con la naturaleza, experiencias que nos ayudan a conseguir de forma espontanea la plena atención. En la plena atención la mente burda se desactiva, es en esos momentos cuando la mente sutil tiene la oportunidad de surgir. Esta mente sutil espaciosa es la que tiene el poder de penetrar en la realidad para comprenderla. Los budistas dicen que se experimenta el vacío, nirvana o realidad última cuando la mente superficial y convencional deja de manifestarse. En el momento en que tu mente cargada de conceptos se para, empiezas a sentir un vacío, un espacio. Esto, dicen los maestros budistas, ocurre también en el momento de la muerte física, y de ahí la gran paz que dicen haber experimentado algunas personas que han pasado por experiencias de casi muerte. Éstas dicen haber pasado por un túnel de luz y haber sentido una paz profunda, ese estado es, según los antiguos maestros, la consecuencia de haberse activado la mente sutil espaciosa y de haber dejado de funcionar la mente burda y estrecha. Para experimentar la espaciosidad de la mente más sutil tenemos que remover todas las capas de creencias, suposiciones y dogmas provenientes de nuestra realidad cultural, familiar y social; una pesada capa de condicionamiento que nos echaron encima al nacer. Nuestra verdadera realidad, la de todos nosotros sin excepción, es pura, limpia y espaciosa. Pero para sentirla tenemos que remover todo ese pesado manto de pensamiento «contaminado». Recuerdo que una vez discutía con mi madre sobre los jóvenes que se inmolan como mártires matando a tantas personas inocentes. Lo más fácil es decir que son unos asesinos, pero todos deberíamos hacernos la pregunta de qué habría sido de nosotros de haber nacido en su mismo lugar y haber sido condicionados desde pequeños con esos mismos dogmas, tan rígidos, que desprecian la vida humana. Quizás esos jóvenes no hayan tenido escapatoria, su mente no puede concebir otras realidades si eso es lo que han vivido y les han enseñado. Hace falta mucha conciencia para darse cuenta de que no somos libres. Y, si no nos han enseñado a ser libres y conscientes, ¿somos realmente culpables? Es esencial mantener la compasión al contemplar estas realidades. Lo verdaderamente nefasto es el condicionamiento, la ceguera a la que estamos sometidos cuando no podemos ver más allá de una doctrina. La mente es tan flexible que se la puede doblegar para el bien o para el mal. Si le hemos enseñado tendencias negativas se convierte en un elemento muy peligroso. Un ejemplo son los fanatismos de todo tipo. Una mente llena de prejuicios y presunciones no discrimina ni puede ver la realidad. Antes de ver a alguien actuar ya lo hemos juzgado de inútil porque tenemos juicios previos sobre esa persona que nos condicionan a verla de una determinada manera. Esperamos que las personas y las circunstancias sean de una manera y así las vamos a ver. En cualquier caso, lo esencial es saber que en este mismo momento hay en nosotros una mente clara y pura a la que podemos acceder mediante diferentes técnicas. En la mente sutil no hay conflictos ni negatividades, es una mente de unidad y de conciencia. Una mente vacía de conceptos. En definitiva, superamos la mente conceptual y llegamos a la mente espaciosa cuando superamos los conceptos de bien y mal. La mente sutil es una experiencia directa de paz que nos lleva a sentirnos libres. Esta mente está fuera de las ideas y de las valoraciones. Está bien distinguir entre el bien y el mal, pero distinguirlos no significa hacer juicios. Entramos en otra realidad cuando existe la comprensión de que el bien y el mal son conceptos cambiantes, relativos y no absolutos que dependen de la mente que observa.

El espacio de la felicidad

«Cuando estoy feliz, me siento como el agujero de una flauta, por donde pasa la energía del universo y suena la canción de la felicidad».
RAIMON SOLÀ,
Cómo ser feliz cada día

La felicidad es literalmente una capacidad espacial, está estrechamente relacionada con el espacio que tienes libre en tu interior. Si hay mucho espacio te cabe mucha felicidad. Si hay poco espacio, te cabe poca felicidad. Para ser feliz, hay que hacerle espacio a la felicidad. Imagínate que has de recibir a un huésped en casa, en ese caso es muy importante que hagas espacio para que dicha persona pueda sentirse cómoda. Tendrás que darle armarios y un espacio físico donde se sienta en casa, si no, no se quedará. La felicidad también se acomoda allá donde se siente acogida y confortable. Para que anide en ti un sentimiento placentero de bienestar necesitas hacerle espacio. Vaciarte de todo lo que te estorba y de lo que puedes prescindir; de las creencias limitantes que te llevan por caminos de escasez, de la necesidad de tenerlo todo bajo control, de los conocimientos que te impiden soñar nuevos caminos, de los miedos que limitan tus pasos y ahogan tu capacidad de disfrutar, y de los deseos de tu ego que te amarran a dependencias y te impiden sentirte libre. Todo eso ocupa un enorme espacio en ti, deshacerte de ello, desaprender las conductas y los reflejos automáticos que te provocan arranques de cólera y alteran la paz de tus relaciones, te ayudará a hacerle espacio a tu huésped más honorable: tu felicidad. ¿Cuánta felicidad cabe en ti? ¿De cuánto espacio dispones? Nada de lo que consigas exteriormente será causa suficiente de felicidad si esta no halla la forma y el lugar donde instalarse. Cuando pensamos en comprarnos una casa se nos ocurren las ideas cada vez más sofisticadas: que nos quepa dentro un gimnasio o una piscina climatizada; en las revistas de los famosos vemos todas estas fantasías hechas realidad. Pero ¿alguien se ha parado a pensar que hay que dejar un espacio en nuestra vida, en nuestra alma, para que tenga cabida la felicidad? Si estamos llenos de rencor o de pena, la felicidad no encontrará acomodo en nosotros. Lo mismo ocurre con todas las demás emociones perturbadoras: celos, envidias, odio, deseo de venganza, culpa… La felicidad está ya ahí, cada día nos envuelve, podríamos sentirla en cada inspiración que damos, en cada brisa de aire fresco. Está tan cerca de nosotros… pero si no le hacemos sitio no entrará. A mí me gusta decorar mi casa de forma acogedora, poner velas, inciensos, cortinas con colores agradables, cuadros y objetos de mi agrado y muebles confortables. Después espero con ganas disponer de tiempo para estar ahí. De igual manera, la felicidad vendrá para quedarse cuando abramos las ventanas de nuestro interior de par en par para que entre el aire fresco, cuando meditemos y trabajemos en nosotros, cuando comamos y durmamos lo necesario, cuando nos mimemos y nos demos a nosotros mismos lo que esperamos que nos den los demás. ¿Recuerdas, cuando alguna vez has comido demasiado, cómo te sientes al día siguiente? No puedes pensar en comida. Necesitas digerir lo anterior, vaciarte, si no ningún manjar te aparecerá en la mente como un placer. De igual forma nuestra mente cargada no puede ver las cosas bonitas de la vida porque no existe espacio para advertirlas y estimarlas. Más que procurarnos nuevos placeres o escenarios apetecibles es imprescindible limpiar el espacio para poder «sentir» lo que ya hay. El momento presente está cargadito de sensaciones placenteras, para empezar a percibirlas tenemos que crear un lugar interior, un santuario secreto, un silencio que nos lleve a experimentar el éxtasis.

Crear nuevos escenarios

«Todos, por nuestra manera de abordar las cosas, elegimos literalmente el tipo de universo en el que tendremos la impresión de vivir».
WILLIAM JAMES,
filósofo estadounidense (1842-1910).

«Algunas veces hay que decidirse entre una cosa a la que se está acostumbrado y otra que nos gustaría conocer».
PAULO COELHO

El vacío o conciencia es el sustrato que nos sostiene, lo que crea todas las formas. Tu esencia espiritual es una «nada» o vacío del cual puede surgir cualquier cosa. Todo es posible si tienes fe. Pero si no sabes utilizar tu poder creador tendrás la sensación de vivir las mismas experiencias y de conocer al mismo tipo de personas una y otra vez. La vida se te repetirá como en la película Atrapado en el tiempo de Harold Ramis (1993). En ella se plasma perfectamente el hecho de que nada cambia a menos que actuemos o reaccionemos de forma diferente a los hechos. El espíritu crea la realidad, pero la vida seguirá igual si no utilizamos nuestro potencial para crearnos nuevas rutas, nuevas formas de ser, de vivir. Imaginemos que vamos al mercado para comprar los ingredientes de nuestra comida y siempre compramos los mismos, por ejemplo pasta, salsa de tomate y algo de verdura. Con estos ingredientes las variaciones en el plato cocinado son limitadas, a no ser, claro, que seamos Ferrán Adrià. Pero si realmente queremos que nuestro menú sea diferente necesitamos comprar otros ingredientes e inventarnos además nuevas maneras de cocinarlos. Es difícil hacernos con nuevos platos porque nuestra tendencia natural es a hacernos la vida cómoda, a repetir lo conocido. Por eso es interesante atreverse con nuevas fórmulas, sobre todo si estamos hartos de comer siempre lo mismo, es decir, de tener siempre las mismas vivencias de privaciones y necesidades. Si la actitud de víctima nos lleva siempre al mismo escenario en la vida, ¿por qué no atrevernos a asumir la responsabilidad? Vivir como una ovejita temerosa es fácil y cómodo pero no nos ayuda a sacudirnos el tedio y la desgana. En realidad nunca podremos ser salvados más que por nosotros mismos, asumiendo los errores y afrontando que nuestro mundo de escaseces nace de nuestra limitada visión del mundo. Si creaste lo malo también puedes crear lo bueno. Oigo en la calle quejarse a todo el mundo del gobierno, del país, del ayuntamiento, de su familia, del tiempo, del vecino…. En lugar de eso, pensemos ¿es que nosotros somos perfectos? Si el gobierno nos parece amoral pensemos hasta qué punto nosotros nos comportamos de forma amoral. Si nuestro vecino nos resulta invasivo, pensemos hasta qué punto nosotros invadimos la vida de otros. Nuestra vida es nuestra propia creación, muchos pensamientos y acciones repetidas en el tiempo dieron lugar al escenario donde estamos hoy. No tengas miedo de experimentar algo nuevo. Invéntate nuevas formas de reaccionar a las situaciones, no actúes desde un guion preconcebido, en tu película eres tú quien decide qué se va a hacer y decir. Puedes hacer que tu vida cambie si cambias tu comportamiento, tu actitud y tus pensamientos. Nos convertimos en nuestra madre o nuestro padre por inercia. Nos mimetizamos con el medio ambiente que nos rodea. Si dejamos crecer el espacio en nosotros, con ayuda del silencio podremos ver quiénes somos realmente. Creíamos ver en los demás caras poco amables sin ver nuestra propia falta de cordialidad hacia otros. Con humildad se puede ver que los egocéntricos, los desagradecidos, los cotillas y los que no dejan hablar no son solamente los otros. Cada nuevo descubrimiento sobre nosotros, si no nos juzgamos y creemos en nuestro potencial, puede indicarnos el camino para ser y transformarnos en mejores personas y en seres más felices. Decídete a ser tú quien dé el primer paso para ser más agradecido, mejor oyente, menos centrado en ti mismo y más compasivo.

La mirada clara

«Cuando no estamos constreñidos, el espacio de nuestro cuerpo y nuestra mente se llena naturalmente con cualidades que reflejan su totalidad. Experimentamos bienestar, gozo, claridad, sabiduría y confianza: las propiedades semejantes a una joya, de una conciencia clara. Cada vez que nos abrimos más allá de nuestros estados temerosos y constreñidos, llegamos a ello».
JACK KORNFIELD,
Camino con corazón

En occidente se enfoca el tema de la felicidad como algo que puede obtenerse del exterior. Cuando los deseos de obtener se cumplen se supone que podemos ser felices. Pero lo cierto es que son los estados de conciencia los que le dan color a nuestras experiencias. Si estamos delante de un manjar o en una situación apetecible pensamos que eso es lo que nos provoca el placer, pero en realidad gozamos con lo que hacemos porque nuestra mente está clara, porque estamos aquí en nuestra vida y no huyendo mentalmente hacia otro lugar. Dhiravamsa en *La vía del despertar* nos dice que de lo material nos llegan sensaciones de comodidad o confort pero hasta que no eliminemos los obstáculos de nuestra mente no sentiremos gozo o felicidad. Todos nuestros estados mentales: agitación, preocupación, apatía, cansancio, violencia, expectativas, ansiedad... han de ser eliminados con la plena atención para poder sentir el verdadero gozo que surge de una mente clara que no se deja atrapar por los estados interiores cambiantes. Nuestra felicidad empieza a construirse cuando prestamos atención a esta realidad interior que colorea nuestra conciencia de instante en instante. La cualidad de nuestros estados mentales es la esencia de nuestra felicidad; el mundo externo es un mero reflejo de ese colorido interior. Cuando un estado mental negativo como la insatisfacción nos atrapa, empezamos a sufrir y entonces todo lo exterior, por bueno que sea, o bien carece de importancia o bien es un reflejo de esa insatisfacción. La felicidad nace en nuestro interior y es ahí donde debemos mirar si nos sentimos insatisfechos con nuestra vida. Hemos de liberarnos de una disposición mental dañina y favorecer actitudes que nos hacen felices. El apego nos lanza a las adicciones, la aversión nos vuelve iracundos y a veces violentos. Sin embargo, el amor, la sabiduría y la generosidad son estados de una mente feliz; cuando los fomentamos, los estados que nos dañan se disuelven solos. La naturaleza de nuestra mente cambia velozmente pero como no somos conscientes de ello pensamos que son las causas externas las que nos hacen sentir felices o infelices. Sin embargo, no es el mundo lo que nos decepciona sino nuestra propia mente inestable. La atención plena nos ayuda a ser conscientes de nuestra actitud mental y a no dejarnos atrapar por la toxicidad de estados como el miedo, los celos, la envidia o la depresión. El viaje espiritual requiere un esfuerzo para recuperar una mirada prístina no falseada por la condición y el contenido de nuestra mente. Recuperar la esencia natural de lo que originalmente somos nos hará sentir una alegría que nada tiene que ver con la felicidad mundana, una satisfacción más profunda y duradera proporcional al empeño que hicimos para llegar a ella.

Recuperar nuestra esencia natural

> *«Quien vive en armonía consigo mismo*
> *vive en armonía con el mundo».*
> MARCO AURELIO,
> emperador romano (120-180 d. C.).

Los elementos naturales siempre han sido considerados como dioses supremos. Todas sus capacidades divinas también están en nosotros, porque ellos son la materia prima con la que hemos sido creados. En medicina Ayurveda se dice que estamos compuestos de aire, fuego, tierra, agua y espacio, aunque en cada persona éstos se hallan en distinta proporción. Hay personas cuyo componente principal es el aire/espacio (vata), otras el fuego (pita) y otras una mezcla de tierra y agua (kapha). En la naturaleza podemos observar estos elementos y aprender de su sabiduría esencial. Podemos buscar sus particularidades en nosotros y mimetizarnos con ellos para recuperar nuestra esencia natural y nuestra sabiduría. Fluir como el agua, sin apegarnos a las cosas, transformarnos en nuestra máximo potencial con nuestro fuego interior, ser fértiles y generosos como la tierra y movernos con el cambio como el viento. El vacío es volver a nuestra condición original, a nuestra esencia de inocencia. La naturaleza es una metáfora del ser esencial. Se puede apreciar la distancia a la que estamos de nosotros mismos viendo los bloques de pisos tan desnaturalizados de cualquier ciudad. Nos hemos alejado demasiado de nuestra esencia. Tenemos que regresar.

Ser como el agua

«No hay nada en el mundo más blando y débil que el agua.
Sin embargo, sólo ella puede moldear
la roca más dura y fuerte».
Tao Te Ching LXXVIII

El agua puede enseñarnos el camino hacia el desapego. Ser como el agua, fluir. El agua es el fluido de la vida que siempre conserva su cualidad esencial. Puede pasar de forma líquida a gaseosa o puede convertirse en hielo o en nieve, pero su naturaleza química nunca se altera. De igual modo, nuestra mente, a pesar de pasar por estados mentales espesos como la depresión o estancados como el apego, sigue manteniendo su claridad esencial. Si el agua se deja en reposo, el barro se asienta y vuelve a ser prístina. Así es nuestra conciencia o mente más pura. Dejándola reposar podemos hallar de nuevo su luminosidad. El agua que fluye va moldeando todo pero nunca se aferra a nada. De igual modo que el agua estancada se vuelve pestilente, nuestra mente se vuelve negativa si se queda aferrada a los objetos mentales o materiales. Si nos apegamos demasiado a algo, dejamos de crecer y avanzar. Seamos como el agua que fluye, ligeros, claros, perseverantes en nuestros objetivos y flexibles ante los obstáculos. Como el implacable río caudaloso que se lleva por delante todo lo que se pone en su camino, hemos de ser firmes, claros y contundentes en el momento de pasar a la acción, aunque sigamos siendo dúctiles para adaptarnos a las circunstancias cambiantes y a las necesidades de cada momento. El agua no opone nunca resistencia, sino que se adapta a los impedimentos. Es de sabios no oponer resistencia al agresor ni a los obstáculos. Actuar de forma agresiva nos desgasta y desequilibra. Es mejor actuar después de observar al enemigo y ver cómo actúa, entonces podremos ser superiores a él con poco esfuerzo. La fuerza interior se adquiere con la observación.

«La mente despierta es como el agua. Fluye donde fluye, envuelve todo a su paso, no intenta cambiar nada, sin embargo en su constancia ¡todas las cosas cambian!».
BYRON KATIE
Mil nombres para el gozo

Ser como el viento

El viento nos trae la enseñanza del cambio. Es el elemento que permite que las cosas se muevan. Permite el cambio y la comunicación. Sin embargo tiene connotaciones negativas porque es un elemento desestabilizador. Pero la vida es en esencia cambio. Sin movimiento no habría vida. ¿Te imaginas un río que no fluyese? Es imposible. La vida fluye, el cambio es constante, y para que lo viejo ceda paso a lo nuevo tenemos que pasar por las fases desestabilizadoras que propicia este elemento natural. Las crisis son las oportunidades que nos da la vida para renovarnos, para ir más allá. El viento es el elemento natural que propicia las transformaciones. La enseñanza es dejarnos mecer por el viento, en lugar de renegar de él. Ir desprendiéndonos de lo viejo forma parte del devenir de la vida. Estamos llamados a transformarnos en nuestro ser más elevado y para eso debemos desprendernos de quienes somos ahora. Dejemos que el viento haga su función. Dejemos que la vida sea.

Ser como el fuego

El fuego es el poder representado por la luz del sol. El rey sol. Tiene poderes purificadores y transmutadores. Como todos los poderes, puede ser destructivo o regenerador. El fuego nos enseña la metáfora de la transformación. Podemos volver a resurgir de nuestras cenizas, como el Ave Fénix. La vida es un proceso alquímico en el cual todo puede ser transformado, si nos ponemos a ello. Podemos transformar nuestro dolor en paz y compasión, nuestras emociones negativas en conciencia, nuestra ignorancia en sabiduría, nuestro miedo en confianza, nuestras carencias en abundancia, nuestra falta de sentido en alegría, y nuestra sensación de vacío en amor y plenitud. El fuego es el elemento que simboliza esta transformación alquímica. Aprendamos de su poder transformador. En la vida todo puede ser trascendido para convertirse en algo más elevado.

> *«La tierra sólo da, sin condiciones, sin ser observada, y ésa es la prueba de amor. Nunca retiene nada. No regatea. Su forma de hablar es por medio del viento y la lluvia, la arena, las piedras, los sonidos de sus criaturas. Sólo canta su canción sin significado, y continúa dando sin esperar nada a cambio. Ella te apoyará toda tu vida, y si le lanzas una lata o viertes veneno en su corriente sanguínea o le dejas caer una bomba, seguirá existiendo un amor total e incondicional».*
>
> BYRON KATIE,
> MIL NOMBRES PARA EL GOZO

La tierra representa la fuerza espiritual y germinadora de la naturaleza. Ella nos enseña la metáfora del ciclo de la vida. Junto con el sol y la lluvia, la tierra nos da las cosechas, se transforma en abundancia, en fertilidad, en generadora de vida. También representa el poder de la permanencia y es un elemento estabilizador. La tierra nos enseña a ser. A dar sin mirar a quién, a ser pacientes y aprender a esperar a que llegue el tiempo de recoger nuestras propias cosechas. Aprendamos a ser firmes y a ser nuestro propio pilar en la vida, a construir nuestra fortaleza en nuestro propio ser interior, en nuestra calma y en nuestra paciencia.

El poder curativo de los elementos naturales

Además de todo lo dicho, todos los elementos tienen poderes curativos: el agua es purificadora y regeneradora: según la mitología viven en ella toda clase de ninfas, hadas y espíritus. Los magos aconsejaban rituales como bañarse desnudo en un río en noches de luna nueva, esa agua se llamaba «agua de plata», por sus propiedades rejuvenecedoras y de prevención de enfermedades. De igual forma el fuego, que también representa la pasión amorosa, sirve para hacer todo tipo de conjuros de amor. Los rituales de fuego incluyen pisarlo o saltarlo, o quemar en él todo lo viejo. En la noche de San Joan en Catalunya se llevan a cabo rituales con el agua y con el fuego con la finalidad de renovarnos y purificarnos. La tierra también tiene propiedades curativas: los animales se hunden en el fango para sanarse. Y es el aire o el viento el que propicia el movimiento hacia la curación. Aprende de los elementos naturales para recuperar tu esencia natural, despojado de todo artificio, ella te enseñará de nuevo a ser tú mismo.

El necesario descanso de la mente

«La próxima adicción de Occidente son las bebidas energéticas y cafeínas para mantenernos siempre despiertos; siempre conectados a los medios; siempre consumiendo: ése es un mercado fabuloso que prospera con nuestra falta de sueño».
MARTIN LINDSTROM,
pionero del neuromarketing y autor de Buyology

«La mente debería ser inmensa como el cielo. Deberíamos dejar dispersarse lo mental como las nubes».
LONGCHENPA,
maestro tibetano (1308-1363).

La noche sucede al día sugiriéndonos el reposo y el silencio a través de la ausencia de luz. La vida es un vaivén de ciclos que se suceden y que hay que respetar. El ser que vive cerca de la naturaleza se acomoda a esos ciclos vitales que acompasan nuestro vivir y le permiten ser un todo equilibrado. No podemos bailar todo el tiempo en un lado de la balanza sin sufrir desequilibrios. En el mundo actual nos movemos todo el tiempo en una misma dirección, hemos dejado de respetar el ritmo de los ciclos vitales. El día, con su hacer, ha de ser compensado con el reposo en la oscuridad de la noche. La noche invita a la tranquilidad de cuerpo y mente; pero hemos perdido esa sabiduría que nos llevaba al descanso natural; no parar nunca está incluso bien visto. Y sin embargo deberíamos respetar este descanso como algo sagrado. No parar nos ha convertido en una sociedad neurótica y depresiva. Debería ser una cuestión de vital importancia dejar espacios vacíos en nuestra vida; que el médico nos dijese lo saludable que es desconectarse de la tele, del móvil y del ordenador, no hablar, estar a solas y sintonizarnos con nuestra respiración. Los estímulos externos ocupan toda nuestra vida de forma ininterrumpida; no dejamos espacios para que la conexión interior nos llene de nuevo de bienestar y alegría. La conciencia no es más que un vacío, un bálsamo para cuerpo y espíritu que nos renueva totalmente. Un estado de alerta que está fuera de los sueños que crea la mente. Si tu mente no descansa en la conciencia, ésta se fragmenta en los mil puntos diferentes donde ponemos la atención, lo cual nos tensiona y agobia. En la conciencia vacía desaparecen los límites y nuestra mente y nuestro ser descansan en la unión con todo. Tengo una amiga que me dice a menudo que le causa angustia no tener tiempo para todo lo que se supone que debería hacer cada día: ir a trabajar, hacer la compra, cocinar, ver a los amigos y familiares, limpiar y ordenar la casa, planchar, arreglar papeles… Es difícil comprender que la forma de conseguir más tiempo es poniendo el freno en lugar de acelerando. Eso no va con nuestra lógica, pero ésa es la realidad. La mente centrada en una cosa cada vez es la que para el tiempo y nos vuelve efectivos. Cierra los ojos y conéctate con lo más profundo, deja de vagar por el mundo superficial de la mente. La clave, le digo a mi amiga, es prestar más atención a lo que hacemos, de esa forma la vida empieza a ir a un ritmo más lento. Si la mente va rápido la vida va rápido. Si la mente está atenta a lo que se hace y está calmada el tiempo transcurrirá más lento. La mente crea tu vida. Una mente veloz y llena de cosas por hacer y obligaciones es como un viaje en un tren de alta velocidad, todo pasa rápido y no podemos pararnos en las cosas, captar su esencia ni gozar de ellas. Sería interesante enseñar en las escuelas a gestionar nuestros recursos interiores, a poner en nuestra vida pausas, silencios, respiraciones conscientes y atención amorosa en lo que hacemos. Que nos enseñaran no sólo a observar el mundo sino también a saber un poco cómo vivir en él.

«¡Adhiérete profundamente a la realidad,
con el corazón de tu ser!
¡No hay nada más que buscar!»
LALITA DEVI

EXPANDIR LA CONCIENCIA: CÓMO CREAR ESPACIO

«La verdadera maestría se alcanza dejando que las cosas sigan su propio camino».

BYRON KATIE,
Mil nombres para el gozo

Vacía tu mente a cada paso

Vivir en el presente requiere dejar de creer en la solidez de las historias en las que estamos inmersos. La mente ignorante se apega a las fábulas que ella misma inventa. A veces es tan ridícula como un actor que al interpretar un personaje siguiera actuando como su personaje al bajarse del escenario. Así nos comportamos al apegarnos a los cuentos que nos contamos. Sin embargo, la mente sabia sabe que los pensamientos no son verdad sino que cada uno refleja solamente un punto desde el que miramos el mundo, por eso vive indagando qué se esconde tras las historias de sufrimiento que nos contamos. Cada crítica, cada desengaño, cada sentimiento de impotencia y cada frustración nos muestra algo que aún no hemos querido ver en nosotros. Si vivimos cada capítulo de nuestra vida con curiosidad y sin rechazar lo que sentimos podemos averiguar dónde aún nos falta claridad. Quizás el pensamiento de que la gente debería querernos más esconde la incapacidad de darnos amor a nosotros mismos. La mente nunca está presente, su lugar es el pasado o el futuro, su tarea es escapar de un presente insatisfactorio. A veces, un pensamiento es la única escapatoria de un presente horrible de veras. Pero pensar que las cosas deberían ser distintas es vivir oponiendo resistencia a la vida, lo cual siempre duele. Es mejor intentar averiguar qué se esconde tras una crítica, que defendernos de ella; defendernos duele, sin embargo rendirnos a ella nos ayuda a crecer. El sufrimiento viene de vivir queriendo que la realidad sea distinta de lo que es; es más sabio dejar que la vida sea o deje de ser en lugar de pensar que las cosas no deberían suceder así. Cada cosa que nos llega es la que necesitamos para poder deshacer las mentiras que fuimos convirtiendo en nuestra verdad a base de explicárnoslas una y otra vez a lo largo de los años. Vaciamos nuestra mente momento a momento cuando abrazamos la realidad sin intentar defendernos ni protegernos de nada, cuando indagamos en los pensamientos que nos crean sufrimiento para deshacer las mentiras. Lo real nunca duele, si duele es ilusorio y necesitas averiguar dónde te estás engañando. Vivimos en una sociedad que se niega de forma sistemática a ver la realidad. Tomamos analgésicos rápidamente para seguir en movimiento en lugar de averiguar el mensaje del dolor, distraemos los dolores del alma con pasatiempos. Si alguien se aísla en el dolor de una pérdida para hacer un duelo natural, en seguida todos le aconsejan salir y distraerse. Pero mirar para otro lado no es el camino del guerrero. Éste se atreve a mirar las cosas como son porque sabe que cualquier cosa que vea le va a ayudar a averiguar lo que es real. Sabe que todo ocurrirá como tiene que suceder, tanto si él lo permite como si no. No tiene elección, no puede impedirlo. El guerrero sabe que el agua seguirá fluyendo aunque intente poner una gran roca en su camino. El agua, igual que los hechos de la vida, encontrará su camino natural. Es inútil luchar por detener la corriente, tanto si estamos de acuerdo como si no, el mundo seguirá su curso. Vacía tu mente instante a instante, cuestiona tus pensamientos sabiendo que no hay nada que perder, que no hay nada equivocado ni innecesario, que lo que nos trae la vida ahora lleva consigo la perfección intrínseca de las fuerzas del universo que trabajan para restablecer el equilibrio y para que acabemos viendo todo a través de los ojos de la realidad, de los ojos del amor.

El universo interior

«Ahí fuera no hay nada que no seas tú mismo».
RAIMÓN SAMSÓ

*«Detrás de cada átomo de este mundo
se esconde un universo infinito».*
RUMI

El universo es infinito, tanto el que se extiende más allá de nosotros como el que se extiende hacia dentro de nosotros. La vastedad de paisajes, climas y ecosistemas no sólo se manifiesta en lo que ven nuestros ojos, sino que los ojos del alma perciben en nosotros muchos mundos, cada persona es en sí misma todo el cosmos. Somos un microcosmos y un macrocosmos. Nunca podrás saber cómo es realmente la vida de otra persona, tu imaginación sólo alcanza a imaginar lo que es similar a tu mundo. Pero si el viaje a cada país de nuestro planeta Tierra es una sorpresa y está lleno de relieves que no imaginábamos, cada persona que conocemos lleva dentro de sí paisajes y lugares inimaginables quizás para otros. Yo, por ejemplo, al hablar con mi padre, me doy cuenta de que en él habitan universos extraordinarios, su imaginación no tiene límites y realmente percibe las sutilezas del universo en un grado que yo no alcanzo a comprender. Cada persona y su mundo nos ha de merecer un respeto enorme. No presupongas ni imagines. No puedes saberlo todo. Nuestro paisaje emocional va variando a lo largo del día. Las emociones son complejas y cambiantes, parecidas a los paisajes de la Tierra. En nuestro interior también hay brumas, tormentas de nieve, vientos gélidos, paisajes tropicales con un sol agradable, lluvias torrenciales, preciosos días de primavera, días de bochorno estival, días de recogimiento otoñal, o fríos días de invierno… En fin, el universo está en nosotros, todo lo que ves o haces eres tú proyectado, tu mente proyectada. Cuando nos vaciamos del miedo, del ego, en definitiva de todos los pensamientos y creencias sólo queda la energía pura y poderosa de la conciencia. Eso es lo que tú eres, luz y conciencia.

Salirnos de la dimensión del tiempo

> *«Sólo una persona libre puede ser una persona feliz».*
> THICH NHAT HANH

El espacio mental desaparece cuando entramos en la dimensión del tiempo. Necesitamos el tiempo cronológico para movernos de un lugar a otro, pero el tiempo psicológico es una invención de nuestra mente. El vehículo que utiliza el ego para escapar del presente. Tu mente espaciosa es un inmenso cielo azul, tus problemas, las nubes que vuelven grises tus días. Si las dejas pasar, seguirás viendo el sol. Si dejas ir los problemas, si no vas todo el día a cuestas con ellos, si puedes resolver las cosas instante a instante y liberar el pasado podrás tener días luminosos. Por el contrario, cuando vas por la vida cargado de nubes de tristeza, miedo o deseo, esas nubes no te dejarán ver ni sentir el sol que brilla en el presente. Cuando viajo en avión me encanta elevarme por encima de las nubes, ver que quedan allí abajo y contemplar el sol radiante que siempre estaba ahí. De ti depende elevarte cual avión o quedarte anclado en tus recuerdos, preocupaciones o angustias. Pero ¿cómo lograr desprendernos de todo aquello que es pasado o futuro? ¿Cómo lograr detener el pensamiento? Para lograrlo vamos a trabajar en tres frentes: desarrollar la atención plena, aprender a soltar lastre y comprender la realidad cuestionando todos nuestros pensamientos. Poner nuestra felicidad más allá en el tiempo, aunque sea unos pocos pasos más allá, nos saca del único momento en que la felicidad está presente: el ahora. Si no eres feliz en este instante, no lo serás más tarde porque tu mente encontrará otras excusas para no serlo. Pensar en lo que ocurrirá dentro de cinco minutos es poner nuestra dicha en el tiempo futuro. Los deseos y las ilusiones que nos mantienen viviendo en el futuro nos ayudan a avanzar, pero el sentimiento auténtico de plenitud no se encuentra en la sensación de excitación del deseo de algo por llegar. El deseo es por definición un estado que busca llenar una carencia, y mal llevado nos descentra y nos quita la paz. El deseo sólo es beneficioso cuando se vive sin apegos ni obsesiones. Todo lo que no sea vivir en el presente nos resta sensación de plenitud y energía. Cuando nos aferramos a un anhelo dejamos de prestarle atención al momento presente y nos debilitamos. Vivir en el presente nos da poder, energía y felicidad. Vivir en el tiempo nos quita todas esas cosas.

La atención plena

«La vida se nos da, y la merecemos dándola».
RABINDRANATH TAGORE,
Pájaros perdidos

El otro día hablaba con mi amiga Marga sobre lo que es la felicidad y ella me decía que son momentos. Creo que en general tenemos la sensación de que la felicidad son instantes salpicados de nuestra vida porque sólo durante esos instantes hemos conseguido estar realmente ahí con plena atención. La vida y la belleza de las cosas se capta cuando ponemos atención. Le dije entonces a Marga que para mí la felicidad son los momentos en que conseguimos fijar la atención en las cosas que vivimos. Nuestra mente está generalmente dispersa y es precisamente por eso por lo que nuestra felicidad es tan efímera. Al final de la vida de una persona los instantes realmente vividos serán aquellos en los que consiguió estar ahí con los cinco sentidos. Una atención dispersa empequeñece nuestro espacio y enrancia el aire de nuestra vida. El aire fresco llega con la plena atención, viviendo de forma total todas nuestras experiencias, sean buenas o malas. Imaginemos que sentimos envidia, percibir plenamente la emoción, reconocerla, nombrarla, ser muy consciente de que está ahí y nos está causando un malestar nos ayuda a soltarla. Al percibir no hay pensamientos, toda la energía la ponemos en el acto de percibir, ver, escuchar, sentir… Sin embargo, cuando al percibir interpretamos lo que nos llega nuestra mente queda atrapada. La mente atenta es una mente que no enjuicia. Krishnamurti nos explica que el desorden mental surge con el pensamiento mismo, que éste es por si solo el caos. Una mente atenta percibe los pensamientos y las emociones pero no se queda adherida a ellos.

La atención plena es un arma muy poderosa que nos ayuda a no ser arrastrados por el río de nuestras emociones. Imagínate que estás dentro de una riada y tienes la suerte de encontrar un árbol al que asirte, eso puede significar tu salvación de una probable muerte. Así funciona la atención plena, si nos dejamos llevar por el drama que crean nuestras emociones quizás cometeremos acciones de las que luego nos arrepentiremos, actos de inconsciencia con resultados fatales. Al agarrarnos al árbol de la atención plena podemos salvarnos de ser arrastrados hacia los escenarios tormentosos donde nos llevan los pensamientos negativos y las emociones descontroladas.

Escucha atentamente a la vida y a las personas, abre tus sentidos y permanece en las sensaciones. Agudiza tus sentidos, permanece alerta como hacen los animales en su entorno natural. La plena atención te ayudará a agarrarte al árbol de la vida que tienes ante tus ojos.

«Al no aprender a dominar la mente, vivimos arrastrados por ella. Es malvivir: ¡la mente es demasiado loca para confiarle la vida!».
STELLA MARIS MARUSO,
especialista en medicina espiritual

En el lenguaje simbólico de los sueños el mar representa las emociones. El mar siempre está cambiando su aspecto. Hay días en que está calmado cual balsa de aceite, días en que su color gris plomizo nos vuelve melancólicos y pausados, días de azul deslumbrante y días de espectaculares olas gigantes. A veces olas aparentemente inofensivas pueden acabar resultando muy traicioneras. Los hombres de mar dicen que al mar hay que tenerle mucho respeto. El mar de nuestras emociones evoluciona día a día de forma similar. Un mar interior al que también hay que tenerle un gran respeto. Stella Maris dice que hay emociones que pueden matarnos; emociones como el miedo, la rabia o la desesperanza son depresoras del sistema inmunológico y pueden hacernos enfermar. No debemos subestimar el mar de nuestras emociones, las olas traidoras pueden llevarnos a cometer actos perversos, a perdernos el respeto a nosotros y a nuestros semejantes. Día a día vemos en los telediarios noticias sobre crímenes horrorosos que han cometido personas bajo los efectos de una vil emoción. Muchas veces se comenta a posteriori «parecía buena persona», «era una persona tranquila/agradable» y cosas semejantes. Si en momentos de enajenación tuviésemos la capacidad de observar nuestra mente y nuestras emociones, no seríamos arrastrados por las olas de la visceralidad. Entonces dejaríamos de ser un peligro potencial para nuestra persona y para los que nos rodean. Es preciso observar las evoluciones de nuestro mar interior y poner una atención extra en los días de alta marejada en los cuales las olas emocionales pueden hacernos estrellar contra las rocas. Poner plena atención en nuestras emociones es un camino obligado si queremos poner paz en nuestro interior, de lo contrario éstas se adueñan de nuestra vida y acabamos siendo sus esclavos. De hecho, está demostrado que a nivel físico una emoción genera sustancias que nos crean adicción. Si sientes que se aproxima una de esas olas de enfado, celos, nervios o desesperación que pueden llevarte a comportarte con pensamiento, palabra y acción en una forma en que crearás nuevas causas de sufrimiento, pon toda tu atención para no tener que arrepentirte más tarde.

Observa cada día tu mar de emociones y disfruta mucho del mar cuando esté calmado y luzca el sol, porque eso querrá decir que has sabido estar atento. El sol de las emociones luce radiante cuando hemos llegado a dominar nuestra mente indisciplinada y dispersa. El dominio de uno mismo se consigue después de intentar durante mucho tiempo el arte de la atención plena. La energía del amor está más allá de las pasiones. Tu ser real se encuentra más allá del mar de las emociones, crea un espacio desde el cual poder observarlas sin ser sometido a su tiranía.

Soltar

«Para recordar nuestro verdadero nombre,
sólo hemos de aprender a soltar».
JACK KORNFIELD,
Después del éxtasis, la colada

«El nirvana es la frescura del soltar, la inherente dicha
de la experiencia de cuando no hay apego
o resistencia ante la vida».
AJAHN BUDDHADASA,
MAESTRO BUDISTA

Durante mucho tiempo me veía en las fotos y no podía reconocerme. Me producía rechazo reconocer la lucha interna que había en mí. Dicen que la cara es el espejo del alma y la mía reflejaba falta de libertad y fluidez. El espejo me mostraba mi miedo y mi resistencia. Al ir soltando lastre, la imagen que me devolvía el espejo cada vez me gustaba más, empezaba a evocar al ser libre y feliz que reconocía ser desde lo más profundo. Ahora, cuando veo por momentos mis ojos tranquilos sé que empiezo a ser de nuevo yo misma. En la vida ocurre de esta forma, al ir desprendiéndonos de nuestros apegos y de nuestra visión reducida de las cosas la imagen que nos refleja la realidad cada vez nos gusta más. Cada vez percibimos menos conflicto y nos sentimos más parte del todo. Al soltar empezamos a sentir que hemos encontrado nuestro lugar en el mundo. A veces, hasta que no sucede una crisis no sabemos hasta qué punto estábamos aferrados a algo. Me doy cuenta de que la libertad es algo simple y a la vez tremendamente difícil si vivimos desde la perspectiva de una mente complicada. Todo el sufrimiento surge del apego a algo, de no saber soltar. Cuando algo se va no sabemos dejarlo ir, confiar en que la vida nos traerá siempre lo que más necesitemos; aunque esto último no sea siempre lo que más nos guste. Para soltar necesitamos básicamente confiar. Confiar en que en cada momento tenemos lo que necesitamos para crecer, para deshacer los autoengaños que nos impiden ver lo real y estar en el presente. Cuando tenemos miedo de soltar entramos en pánico y caemos. Hace años cuando aprendía a esquiar me ocurría que si tenía confianza todo iba bien pero en el momento en que dudaba hacía justo el movimiento opuesto al correcto y me caía. Cuando confiamos, soltamos, y todo sucede de forma natural. Jack Kornfield, en *Después del éxtasis, la colada* nos dice que soltar un poco nos aporta un poco de paz y soltar mucho nos aporta una gran paz. De hecho, nos comenta Kornfield que cotidianamente tenemos espacios naturales de comodidad, frescor y plenitud que contrarrestan los periodos en que nos dominan el apego, la aversión y el miedo. Si no soltásemos de vez en cuando no podríamos soportarlo, y añade que soltar es el secreto de la iluminación. Para soltar el pasado y también aquello que está por llegar ponemos atención, al hacerlo de forma natural nos desprendemos de emociones, experiencias, deseos y miedos de todo tipo y en su lugar surge una confianza natural. Hemos de eliminar cada día rencores de ayer y perdonar desde lo más profundo. Este soltar no debe ser confundido con el acto de dejar algo porque no nos gusta, pues esto sería rechazarlo. Soltar significa comprender que no hay nada que nos pertenezca permanentemente, que todo está ahí de forma temporal y que ser feliz depende de la capacidad de abrirnos a todo lo que tenemos para nosotros en cada momento. Todo un universo en un solo instante de conciencia espaciosa. Suelta lo que ya no te pertenece, lo que ya no es de este momento. Permanece abierto a todo lo nuevo que te llega y que no vendrá si no dejas ir lo caduco. No necesitamos tiempo para llegar a tener nada. Todo lo que necesitamos en este momento está a nuestro alcance. Suéltalo todo. Ábrete a este instante con plena atención y asómbrate con lo que la vida te está ofreciendo justo ahora.

Soltar la guerra con la realidad

> *«Para alcanzar tu felicidad interior, agarra con suavidad y suelta con fuerza».*
> AFORISMO ZEN

El sufrimiento surge de aferrarnos a algo que según nosotros deberíamos tener o a alguien que debería estar a nuestro lado. El caso es que la realidad nos dice que no debería ser así, porque no lo es. Al no estar de acuerdo con las cosas como son, sufrimos. Pero a la realidad le da igual si estamos de acuerdo con ella o no; ella siempre es lo que es por mucho que discutamos con ella. Podemos pensar todos los deberías del mundo y eso no cambiará las cosas. La vida sigue su curso tanto si estamos de acuerdo como si no. Aceptar las cosas tal y como son es la única forma de encontrar paz. Las cosas no deberían ser distintas simplemente porque no lo son. Es sencillo. Soltar es adaptarse a cómo las cosas son y elegir vivir con paz, dignidad y generosidad. No soltar es empeñarse en querer que las cosas sean distintas de lo que son. Desde la cosa más nímia hasta la pérdida más grande, el sufrimiento nace al entrar en guerra con la realidad. Una guerra perdida de antemano y que acaba en el momento de ver que no hay más alternativa que amar las cosas como son porque lo contrario es aún peor. El hecho de aferrarse esconde el miedo a no poder sobrevivir sin aquello que creemos que nos falta, la ignorancia de que en nosotros se halla el universo en plenitud y que por eso nunca puede faltarnos nada. Pero el mundo sólo nos lo da todo cuando nos mostramos como auténticos guerreros sin temor a perder, cuando le demostramos que no necesitamos nada. Amar todo a cada paso nos desengancha de las cosas. El sufrimiento empieza cuando nos contamos la historia de quién y qué debería estar en nuestra vida. Y lo cierto es que averiguar quién o qué debería estar o no estar es muy fácil: mira tu vida, lo que hay es lo que debe haber. El apego funciona de forma tal que aquello a lo que nos enganchamos ya lo hemos perdido. Dejar ir funciona al contrario, lo ganamos todo. Amar o temer. Soltar o aferrarse. Guerra o paz. Es muy difícil no aferrarse a las personas que amamos pero es sabio no hacerlo pues el objeto anhelado se va de nuestro lado en cuanto nos quedamos colgados de él. Amar es recibir lo que llega con gratitud y no querer que las cosas sean diferentes. Si no amas las cosas como son, aún te quedan resistencias. Dejar la lucha es algo que sucede en nuestro interior pero que se refleja en toda nuestra vida. Soltar es aceptar incluso lo inaceptable porque no por no aceptarlo las cosas serán diferentes, más al contrario, será al poner amor en la situación cuando ésta volverá a fluir y podrá transformarse.

Comprender la realidad

«Todo en la unidad tiene un propósito. No hay monstruos, inadaptados ni accidentes. Sólo hay cosas que los seres humanos no comprenden».

MARLO MORGAN,
Las voces del desierto

Profundizando en la realidad de nuestros pensamientos podemos encontrar la libertad. En nuestra realidad estamos nosotros y después los personajes externos que juegan un papel en nuestra vida pero que en realidad son también una parte interior de nosotros mismos. Nuestros padres, hermanos, amigos, hijos, o pareja, con su comportamiento aparentemente imperfecto, nos muestran en realidad cómo convertirnos en mejores padres, amigos, hermanos, pareja... Construimos nuestra realidad con pensamientos estresantes que nos atrapan en la oscuridad y el dolor, pero la verdad se halla más allá de la prisión de esos pensamientos. El guerrero siempre intenta ver las cosas desde diferentes perspectivas para ver más allá de las apariencias. Sabe que los demás no son la causa de su sufrimiento y para ello analiza sus pensamientos uno a uno. Ciertos pensamientos funcionan como tomar un veneno mortal, matan nuestra ilusión, nuestros sueños, nos debilitan, nos entristecen o nos enfurecen. Yo investigué mi realidad y me di cuenta de que cada vez que pensaba que algo del exterior iba a ser la causa de mi felicidad, siempre acababa perdiéndolo, lo cual me hacía ganar la percepción de la verdadera realidad: la felicidad sólo se encuentra dentro de uno mismo. Esto me mostraba que mi verdadera necesidad era recorrer el camino hacia mí misma, hacia mi verdadera riqueza. Cuando volvía a ganar esta perspectiva desaparecía en mí la sensación de pérdida. Según *El Trabajo,* de Byron Katie, al cuestionarnos si realmente un pensamiento es cierto e invertirlo vemos que lo contrario de lo que pensamos también puede ser cierto. Es el efecto de ver un pensamiento desde otra perspectiva. Pensar que hemos sido abandonados suele significar que nos hemos abandonado a nosotros mismos o que hemos abandonado a aquéllos a los que culpamos de hacerlo. Si no estás presente para ti mismo, si no eres honesto con la vida que realmente quieres llevar, si has olvidado lo que te hace verdaderamente feliz, quizás percibas en el exterior que quien está contigo te ha abandonado. Pero ahora vuelve a mirar. ¿Es eso cierto? ¿No es al menos igual de cierto que tú te dejaste a ti mismo o que tú le dejaste a ella /él de alguna forma? Tomemos otro pensamiento: «Quiero que mi pareja vuelva a mí» invirtiendo la frase obtenemos = «Quiero volver a mí». Es decir, quiero volver a estar presente para mí, a colmar mis necesidades más profundas, a nutrirme, a seguir la música que resuena conmigo. Solucionar el problema no tiene nada que ver con que alguien vuelva o no. Nuestra pareja nunca puede ser la causa de nuestro sufrimiento, ella nos mira desde el otro lado del espejo, todos los demás están al otro lado del espejo, todos ellos son yo. El mundo es el reflejo perfecto de nuestras creencias y pensamientos, éstos son los que han de cambiar para que podamos percibir una realidad diferente. El cambio real se produce a un nivel profundo, más tarde la realidad más superflua pondrá de manifiesto que hemos cambiado en nuestro interior; lo que veremos será sustancialmente distinto cuando hayamos aprendido a percibir niveles más profundos de nuestra propia realidad. Marcar una distancia respecto a lo que pensamos, dejar de creernos de forma instantánea y ciega todo lo que pasa por nuestra mente, ir más allá, verme en lo que veo, ése es el camino de la verdad y la comprensión. Dejar de creer los pensamientos estresantes que nos dicen que los otros causan nuestro sufrimiento, ver que las ideas que tenemos sobre el otro y lo que piensa o deja de pensar son los verdaderos causantes de nuestra desdicha es el camino de nuestra paz.

> *«En el rocío de las pequeñas cosas, el corazón encuentra su mañana y toma su frescura».*
> KHALIL GIBRAN,
> ensayista y poeta libanés

Despejar la mente: Los condicionamientos. Las ideas

> *«La visión interior tiene dos funciones. La primera es atravesar los muros de la ignorancia con el fin de alcanzar la verdad, más allá de las opiniones, puntos de vista y conocimiento. Cuando atravesamos dichos muros, la verdad se revela a sí misma y brilla abiertamente».*
> DHIRAVAMSA,
> La vía del despertar

> *«Piensa un momento. ¿Puedes desviarte de la senda que tus semejantes han trazado para ti? Mientras permaneces con ellos, tus acciones y pensamientos permanecen por siempre fijados en sus términos. Eso es esclavitud. El guerrero, en cambio, está libre de todo eso. La libertad es cara, pero el precio no es imposible de pagar. Así que teme a tus captores, a tus amos. No desperdicies tu tiempo y tu poder en temer la libertad».*
> CARLOS CASTANEDA,
> Relatos de Poder

No existe libertad en nuestra vida hasta que nos desprendemos de todo lo que nos condiciona y empezamos a ver, oír y experimentar según nuestra propia experiencia de la verdad. Nuestras ideas siempre son algo prestado, la sabiduría, sin embargo, emerge de nuestro interior después de una profunda interiorización. El conocimiento teórico puede actuar, por otra parte, como barrera que nos impide acceder a la verdad. En nuestra mente hay pensamientos, emociones, estados mentales, tendencias, experiencias pasadas, expectativas futuras y todo nuestro karma, es decir, la acumulación de causas y efectos. La mente incluye todo lo consciente y lo inconsciente. Pensamos, sentimos y actuamos según todo este contenido mental que está muy determinado por nuestra educación basada en una cultura y época concretas y que nos inculcan las personas que nos tutelan y nos crían. Convertimos todo ese contenido mental en nuestra identidad. Muchas de nuestras ideas y pensamientos parten del miedo y la ignorancia y nos hacen sufrir. Pero todas las ideas de este mundo son sólo una verdad a medias, pues en cada concepto está su opuesto, en la vida está la muerte, en la noche el día, en el éxito el fracaso…todo depende de la cara de la moneda que se mire. En lo que se refiere a las creencias nada es verdad y sin embargo todo lo es. El condicionamiento puede ser además muy peligroso, pues nos pone una venda en los ojos y nos lleva a realizar actos denigrantes, como matar para defender una supuesta patria. Si los seres humanos fuésemos verdaderamente libres, comprenderíamos que todos compartimos la misma esencia de amor y nunca iríamos a una guerra. Del mismo modo que un niño aún no tiene la capacidad de entender las cosas del mundo de los adultos y por eso tiene miedo, los adultos vivimos aún ignorantes a las profundas verdades de la vida y por ello sufrimos. La verdades relativas dependen de quién mire y el momento en que lo haga. Una cosa puede ser cierta y lo contrario también, a veces tenemos opiniones muy fuertes sobre ciertas cosas y personas que al cabo de un tiempo, y por un cambio de circunstancias, cambian de forma radical. Personas hacia las que sentíamos antipatía nos parecen simpáticas y personas que nos caían muy bien dejan de parecernos tan agradables. Las ideas varían de forma constante, de una persona a otra y de un momento a otro. En realidad la forma en que vemos las cosas surge de una acumulación de causas y efectos. Si queremos alcanzar la verdad hemos de permanecer abiertos y estar dispuestos en cada momento a desaprender lo aprendido, a ver las cosas desde otro prisma, a ser flexibles. Los fanatismos y los movimientos sectarios son una muestra de cómo el conocimiento puede utilizarse para restringir la libertad de las personas, en lugar de para hacerlas libres. El conocimiento de la verdad tiene que hacernos libres, si algún tipo de conocimiento nos está restringiendo la libertad deberíamos desprendernos completamente de él. El sabio es un ser libre ante todo, nunca un rehén de una ideología o de un dogma. Se trata de comprender las cosas para ser libres, no de aprender conocimientos que nos impongan modas, rituales, comportamientos, pensamientos, actitudes… y al final acabar siendo prisioneros de ellos. Buda decía que hemos de experimentar las cosas por nosotros mismos, no creer lo que él decía ciegamente. Investigar por nuestra cuenta si nuestras creencias y pensamientos nos llevan a ser más felices o bien nos impiden serlo. No se trata de dudar de todo, se trata de ser crítico y experimentar, igual que un científico hace con sus teorías. Si el conocimiento adquirido te sirve para confiar más en la vida y en tus recursos, para acercarte a la energía del amor por todos los seres y a la alegría, para hacerte despertar a la vida y para hacer surgir en ti la ilusión y el sentido de la vida entonces ese conocimiento es bueno para ti. Pero cada persona llega a la comprensión por sus propios cauces y caminos, no debemos tratar de imponer nuestras creencias a nadie. La mente está llena de creencias que nos vuelven miedosos y ansiosos, si no las cuestionamos sufrimos como un niño que aún cree en fantasmas. Es clave ser capaces de averiguar cuáles son esas creencias para poder ver más allá. Retornar a la pureza del vacío, a la verdad sin palabras, a la inocencia desnuda, al silencio donde aún somos bondad. Después de lo aprendido al vivir nos llenamos de sombras y nos creemos débiles y sin poder. Despojarnos de todo ese conocimiento y experiencia nos devuelve a la sencillez y la humildad. La grandeza reside en nuestra máxima desnudez.

El concepto de felicidad

> «(...)Nosotros estamos llenos de esos conceptos y sufrimos al quedar atrapados en ellos. Nuestra verdadera liberación es la liberación de los conceptos».
> THICH NHAT HANH,
> monje vietnamita

> «Cada lugar es el paraíso, excepto a causa de nuestros pensamientos no cuestionados».
> BYRON KATIE,
> Mil nombres para el gozo

Una de las creencias de las que he necesitado desprenderme para poder lograr la verdadera sensación de ser feliz es la idea que tenía de que para ser feliz necesitaba recomponer mi familia «rota». Que necesitaba la protección que me ofrecía una pareja y una familia a nivel emocional. A nivel consciente pensaba que había superado todo eso, pero a nivel subconsciente me dominaba absolutamente esta creencia, por lo que el hecho de que las condiciones no se cumpliesen me impedía ser feliz. Ver esta creencia escondida no fue fácil, pero una vez que fui consciente de que esa idea me mantenía enganchada a la insatisfacción me liberé. Ver la realidad me liberó.

Cada día que pasaba me sentía más llena de energía y felicidad. Y exteriormente nada había cambiado. Sólo me había vaciado de una creencia profundamente arraigada en mí. De esa forma pude empezar a amar las cosas como eran, amar mi vida tal y como se desarrollaba cada día, sin necesidades ni apegos inútiles. Cada persona ha de reflexionar sobre las creencias, las ideas o los conceptos que le mantienen atrapado y no le dejan evolucionar. Quizás piensas que necesitas alcanzar la seguridad económica para ser feliz, o tener hijos, o una casa, un determinado tipo de estatus, un cuerpo diez… Hay tantas creencias que nos dominan a nivel inconsciente. Pero no necesitas nada de eso. Creer que lo necesitas te impide sentirte íntegro. Es un tipo de concepto erróneo. Vivimos atados a miles de pensamientos que nos limitan. La felicidad puede llegarnos de muchas y diversas maneras. Cada momento puede ser una fuente de felicidad si tenemos la perspectiva correcta. Nos ponemos demasiadas condiciones para ser felices. Incluso sin ese trabajo que es el centro de nuestra vida, sin esa persona que lo es todo para nosotros, sin una reputación, sin nuestra casa, sin nuestras cosas, aún así, podemos ser felices, porque la felicidad depende de que estemos presentes en las pequeñas cosas de nuestra vida, y no ausentes. A veces conseguimos que todas las condiciones se cumplan y nos damos cuenta de que aún no somos felices, con lo que comprobamos que la felicidad no dependía de ellas. Cuando una condición se cumple otros tantos problemas esperan agazapados para surgir y volver a complicarnos la existencia. ¿Cuánto tiempo duran los finales felices en la vida? Yo diría que hasta que surge un nuevo contratiempo. La felicidad es más simple y más profunda que unas condiciones de vida. En gran parte, nuestra felicidad depende de nuestra firme decisión de querer serlo. Revisemos nuestra idea sobre la felicidad y las condiciones que nos hemos puesto para llegar a sentirnos felices. Puede que hayamos caído en una trampa… La buena noticia es que ya cumplimos todos los requisitos para ser felices en este mismo momento.

Liberarnos del dolor emocional

«Dicho de la forma más simplista, la principal característica de la carga emocional negativa es que es desagradable. Es energía atrapada, bloqueada, sedada y controlada (…) que se filtra en todos los aspectos de nuestra experiencia».

«Cada vez que sintamos algún malestar, tenemos que sentirlo para sanarlo».
MICHAEL BROWN,
El proceso de la presencia

El otro día conducía mi coche por el pueblo donde vivo y tuve que frenar para dejar paso a un ave perdida que quería cruzar la calle. Había perdido el rumbo, tenía un ala totalmente rota y no podía volar, así que iba dando saltitos por el asfalto y mirando a todos lados desorientada. En ese momento vi en el pobre pájaro el alma perdida del ser humano. Vi que vamos exactamente así por la vida: nos han cortado las alas y vagamos sin rumbo, habiendo perdido la conexión esencial con nosotros mismos, con nuestro corazón de bondad. Imploramos amor incondicional, pero es no poder darlo lo que nos impide experimentarlo. Emprendemos un camino de crecimiento personal para volver a conectarnos y dejar de vagar perdidos, pero este camino requiere coraje, ya que es quitar el tapón que guarda el agua estancada de nuestro interior, el dolor emocional que tiene que fluir hacia afuera, los demonios escondidos que nos impiden sentir las cosas como realmente son. Nos dejará perplejos el hecho de que justo al empezar a hacer cosas para sentirnos bien aflorarán el dolor y la confusión. Sogyal Rimpoché nos pone el ejemplo de una persona muy sucia que empieza a ducharse y se asusta porque cada vez se ve más sucia; si en ese momento saliese de la ducha quedaría aún peor que antes de entrar. Una vez dentro has de ducharte hasta el final, si no el resultado podría ser peor que no entrar en la ducha.

El proceso de depuración de las emociones puede asustarte, el malestar puede llevarnos a comportamientos compulsivos y hacia placeres efímeros que aplaquen el dolor. Pero hay que mantenerse firmes y seguir al mando del timón contra viento y marea. En mi propio proceso personal muchas veces me sentí como si estuviera nadando en un mar solitario e interminable. Por momentos veía tierra pero esa visión se desvanecía. Lo que me impulsaba a seguir nadando era la fe de que en la otra orilla el mar estaba en calma. Como los aviones, nosotros también tenemos nuestra propia «caja negra» que registra todos y cada uno de nuestros movimientos, nuestro inconsciente. Todo lo que nos ocurre en la vida se va registrando ahí y aunque no nos percatemos de ello, sigue existiendo. En el quehacer ajetreado diario esos conflictos interiores nos pasan desapercibidos, pero al quedarnos quietos prestando verdadera atención a nuestra vida todo ese flujo inconsciente sale a la superficie en forma de sensación desagradable. En el proceso de hacernos más conscientes es importante no quedar atrapados en las malas sensaciones que probablemente acudirán a nosotros.

Si la felicidad fuese un lugar diríamos que antes de llegar a él debemos atravesar las selvas y los desiertos interiores del dolor emocional, los parajes agrestes que pueblan nuestro interior cuando empezamos a eliminar los bloqueos emocionales: inviernos helados o sequías, huracanes y tormentas torrenciales. No será fácil pues los demás nos verán sufrir y pensarán que nos hemos vuelto demasiado sombríos, no entenderán que no queramos salir a divertirnos y olvidar las penas. Pero hemos de ser firmes y saber que estamos pasando por este dolor para hacerlo desaparecer, para sanarlo. No des importancia a lo que otros puedan pensar. Continúa practicando la atención mental, pues ésta es la que te ayudará a borrar finalmente el contenido de esa caja negra del inconsciente. La confusión no debe frenarnos ahora que hemos emprendido el viaje.

A mí me empezaron a ocurrir cosas como un divorcio, la quiebra de mi negocio y todo el desorden y el dolor que ello conlleva. Es el fin de nuestro mundo de falsedad, nuestras estructuras internas se resquebrajan para dar paso a otras formas de ser y, paralelamente, nuestro mundo exterior también se desbarata. El sufrimiento es parte del proceso de limpieza emocional, el dolor es una señal de que vamos por buen camino, un malestar que no puede sortearse. Al final el dolor cesa, y llegan la claridad y la armonía. Estar preparados para este caos nos evitará frustraciones, la paz llegará y entonces podremos verlo como un mal menor. Los grandes maestros nos dicen que el estado de iluminación, la felicidad profunda y perdurable, se encuentra ya aquí en este momento. Sin embargo nuestra mente de deseo e insatisfacción nos impide sentirla. Todos nuestros enganches y cargas emocionales han de ser expuestos; la mente huirá despavorida cuando aparezcan la irritación, el insomnio, la ansiedad, la somnolencia, las pesadillas, los altibajos emocionales, la tristeza o las ganas de llorar… Pero es la forma en que se manifiestan las emociones estancadas cuando emergen a la superficie; llorar es una buena forma de desintoxicarse de ellas. Si crees que no podrás soportarlo, resiste, el fin no está lejano. Continúa tu proceso de comprensión de la realidad, ayudado de la meditación, la respiración consciente y todas aquellas herramientas que ya te di en *Conquista tu felicidad*. Quédate ahí, siente el dolor, no caigas en compulsiones que lo alejen, cuanto antes lo sientas antes se marchará. Si caes en comportamientos compulsivos perdónate, levántate y sigue adelante. No te juzgues. Continúa con tu atenta presencia en el momento que vives, dando énfasis a la quietud y el silencio. En el dolor la tendencia es huir de nosotros, de nuestra propia casa, que en estos momentos no parece darnos paz ni cobijo. Pero piensa que al final te sentirás mucho mejor y aunque ahora sientas toda la soledad del mundo, no estás solo, el universo siempre está en ti y tú estás en él. Cuando tu dolor esté activo reaccionarás irritado ante las personas que más quieres o las que te encuentras cotidianamente, porque ellos son el reflejo de tus sombras. Pero no mates al mensajero. Capta el mensaje y actúa en consecuencia. Madura. Ten paciencia contigo y préstate la atención que mereces. Aunque el mundo parezca estar loco, la locura empieza y acaba en nosotros. No huyas ni anestesies el dolor. Sé por propia experiencia que no es fácil. Después del *shock* inicial tras la marcha de mi expareja mi mente me quiso proteger del sufrimiento, creé un muro de cemento a mi alrededor, me dije a mí misma que sufrir era inútil, que todo pasaba por algo, que algo mejor me esperaba, que la vida no es lo que nos pasa sino cómo lo afrontamos… Todo eso estaba muy bien, pero no dejar fluir el dolor, no derramar ni una lágrima me causó todo tipo de dificultades para volver a encontrar el equilibrio afectivo.

Todos mis nuevos encuentros en donde había cercanía volvían a sumirme en una especie de muerte emocional, la misma que me había negado a vivir antes. Es decir, no aceptar vivir el dolor no me lo evitó. Y hasta que no pude llorar todo, no pude saborear la paz del corazón. El río no puede detenerse y yo quise ponerle puertas al río de las emociones. A falta de lágrimas, me brotaban palabras que expresaban el dolor. Hubiese querido poder llorar en solitario, pero no pude escoger, sucedió de esta manera. En este punto, habría que distinguir entre el sufrimiento necesario y el innecesario. El necesario nos vacía de las emociones dañinas, el innecesario nos ancla en el dolor. Las cosas son como son, ni más ni menos, si hay dolor hay que llorarlo el tiempo necesario, y si hay alegría, reír. Todo forma parte de la vida. Aceptar las emociones negativas es una gran lección. Si tenemos miedo a vivir la tristeza la resistiremos y ésta se hará más y más grande.

Cuando reprimimos los sentimientos dolorosos, el dolor se esconde en un lugar más profundo de nuestro interior y luego resurge en nuevas formas, pero no desaparece. Mi huida del dolor, no querer prestarle atención, me hizo probablemente sufrir más tiempo del necesario y retrasó mi curación emocional. Éste es un ejemplo de cómo la mente puede ser enemigo o aliado, huir con la mente hacia un futuro mejor puede servirnos por un tiempo, pero al final tendremos que enfrentarnos a lo que hay. Lo que hubiera acelerado mi curación hubiera sido hacerle frente, no tener miedo a sentirme «rota». Ésa es la verdadera valentía. El dolor nos pide atención, no tenemos que mirar para otra parte. Sentir a flor de piel el dolor emocional es una señal de que nos estamos librando de él, nuestra única tarea es mantener la calma y la atención para acabar de soltar el lastre emocional. En general vamos por la vida aparentando normalidad, pero dentro llevamos un dolor dormido que sedamos con ansiolíticos, fumando compulsivamente, yendo de compras o con obsesiones como el sexo o nuestro propio trabajo… Encara el dolor, míralo conscientemente pero no te juzgues. Hasta que ese dolor no haya salido de nosotros, nuestra cara y nuestros ojos se verán tristes, nuestro porte se verá alicaído, nuestro baile no transmitirá alegría, y nuestra creatividad y talento innatos seguirán dormidos dentro de nosotros.

Deja que tus emociones afloren y puedas sanarte, presta atención a ese niño/a herido que llora en tu interior, arrópale, dale cariño. Perdona al mundo, a los que no supieron darte amor incondicional porque seguramente ellos tampoco lo recibieron. Elige la confianza, la gratitud, sonreír a la vida, ser optimista, animar a los demás, dar para recibir. Liberarnos de emociones no significa dejar de sentir emociones, sino ser plenamente conscientes de lo que sentimos sin identificaciones, sin generar historias, sin querer sentir una cosa y rechazar otra. Todo lo que sientes debe ser materia de observación. Hay un tiempo y un lugar para todo, la felicidad y la infelicidad bailan para llevarte a ver la realidad de lo que eres. Acortar la distancia que te separa de tu ser más puro hará que el mundo te parezca cada vez más cercano y menos cruel.

«La libertad del corazón no se encuentra mirando al cielo; está aquí, tejida con colores bajo nuestros pies».
Jack Kornfield,
Después del éxtasis, la colada

Silenciar los miedos

Salir del sueño del miedo

«O bien tienes fe o bien tienes miedo».
Marlo Morgan,
Las voces del desierto

Vivo en un tranquilo pueblo de la costa, pero ningún rincón se libra ya del sueño del miedo. Una tarde, al bajar del tren, lo hicieron conmigo una parejita de adolescentes de unos quince o dieciséis años. Nos encontramos de frente con un grupo de adolescentes de la misma edad que la parejita, y éstos se les echaron literalmente encima diciendo: «¡Eh, amigo!». Yo pensé que se conocían y seguí caminando. Pasados unos pocos segundos los gritos que oí me hicieron girar la cabeza. Lo que vi fue espantoso: el grupo de adolescentes se había abalanzado sobre el chico y le estaban propinando una paliza descomunal: patadas, puñetazos...

Habían acorralado al chico en un banco de la estación y éste recibía golpes de al menos cinco o seis de ellos. ¡No podía creerlo! Finalmente, el chico consiguió zafarse. En éstas, yo ya había avisado al maquinista del tren, que aún se encontraba en la estación, y a su vez éste había avisado al guarda de seguridad. Ambos intentaban que el chico fuese al *hall* de la estación a identificarlos y denunciarlos. Pero él no quería, tenía miedo. Decía que se había protegido bien, que no le habían hecho daño. Finalmente averigüé que no se conocían de nada, los del grupo violento debían de ir, como se dice coloquialmente, «bien puestos» y se liaron a golpes con el primero que encontraron. Podría haber sido conmigo, que estaba al lado. Otro caso lo viví recientemente, casi a las puertas de mi casa, cuando conducía por el carril de salida esperando para incorporarme a la carretera. Un coche me adelantó de forma indebida y casi chocó con el coche que circulaba correctamente. Los dos conductores acabaron bajándose del coche en plena carretera nacional y encarándose como dos gallos de pelea. Por suerte no llegaron a las manos, pero en otro episodio similar también reciente aquí en Catalunya, concretamente en Figueres, el resultado final del enfrentamiento fue de muerte por objeto contundente de uno de los dos conductores. Estos pequeños trozos de realidad señalan el tono del clima general que se palpa en el ambiente. Vivimos inmersos en el sueño del miedo. Leer el diario en un día cualquiera es empaparse de noticias sobre matanzas, violencia, torturas, abusos, malos tratos o desórdenes mentales. ¿Qué ha ocurrido para que la violencia sea tan cotidiana? Nuestros jóvenes están padeciendo el sueño del miedo que les hemos enseñado. Todo se aprende. No podemos culparles a ellos pues sólo son un efecto. La causa es que hemos sido enseñados generación a generación a vivir en el miedo. La cuestión es cómo salir de ese paradigma y aprender a vivir en el del amor y la confianza. Para cambiar de paradigma tenemos que darle prioridad al aprendizaje de valores como la generosidad y la paciencia, enseñarles a los más jóvenes las ventajas de abandonar la competitividad, el egoísmo y la violencia.

A ser feliz también puede aprenderse, pero ¿quien nos lo enseña? En las noticias más bien nos enseñan a seguir enganchados al miedo porque éste vende más. Pero enfocarnos en la negatividad y en las cosas que tememos nos sumerge en la miseria mental. Quejarnos y echar la culpa a los demás no nos lleva a un bienestar auténtico, las victimas obtienen mucha atención pero no avanzan en el camino hacia la felicidad.

El verdadero héroe sabe que sortear los peligros le hará crecer interiormente y finalmente conquistará su propia felicidad. El héroe no se conforma con el mundo lúgubre que otros le pintan y sale al mundo a ponerle color. Es importante hacer conscientes a nuestros hijos de sus talentos y animarlos a ser creativos. Expresar su talento les ayudará a sentirse vivos y a no caer en la apatía y la depresión. Anímales a soñar y a creerse que se merecen lo mejor, a expresar amor en sus palabras y acciones. Es bueno transmitirles que son seres espirituales y que sólo por el hecho de tenerse a sí mismos ya lo poseen todo. Pero la mejor forma de ayudarles a salir del paradigma del miedo es sirviéndoles de ejemplo. Ser unos padres felices y confiados es la mejor garantía para que nuestros hijos sean también felices y optimistas. Me dio muchísima pena contemplar la triste escena en la estación de tren, sentí compasión por todos los jóvenes que estaban allí, el que pegaba seguro que era el que más miedo tenía. La cosa no tiene buena pinta: ¿qué futuro le espera a este chico que va dando golpes literalmente a ciegas por la vida? No podemos quedarnos en la queja y en el «qué mal estamos». Somos responsables de iluminar el camino de nuestros hijos. Vamos a dejar de escandalizarnos, hagamos algo para cambiar el mundo.

Sanar al mundo es posible si empezamos por nosotros. No nos dejemos abrumar por las guerras que se suceden sin parar. Todo empieza y acaba en nosotros. Sanar nuestro propio interior es empezar por el lugar adecuado. El mundo cambia desde lo más profundo de nosotros, si hay paz en nuestra vida interior ésta se irá filtrando hacia afuera y empapará nuestro mundo. ¿Qué otra alternativa tenemos? En esta apuesta sólo podemos ganar. Una sombra no es nada más que algo que se proyecta, no es nada real, lo real es la luz que la proyecta. Necesitas conocer tus miedos para poder averiguar lo que hay más allá. Los miedos son solamente una parte del proceso de despertar. Desde una perspectiva correcta, podemos comprender el baile de la vida y de la muerte, y ver a todos los seres con ojos más compasivos.

El miedo, un virus invisible y contagioso

> *«Sólo una cosa vuelve un sueño imposible:*
> *el miedo a fracasar».*
> PAULO COELHO

El miedo es un virus contagioso, una enfermedad que oscurece nuestra alma y no nos deja ver la luz del sol exterior ni percibir la luz de nuestro sol interior. Es una espesa neblina que nos oculta la visión de lo real y nos hace percibir el mundo en tonos que van del gris oscuro al negro. Igual que vamos al médico cuando enferma nuestro cuerpo, deberíamos tratarnos enseguida si vemos que hemos sido contagiados con este virus terrible. El miedo oscurece la verdad, tapa nuestra alegría y no nos deja sentir la fina y bella melodía que suena en el fondo de nuestro corazón. Si crees que has contraído este virus, no dejes que se expanda y te confunda, intenta ponerle remedio porque el mundo, ciertamente, puede tener otro color y otro sabor. Cuando sentimos miedo dejamos de percibir lo que somos, perdemos la fe, pensando que en algún lugar hay algo que nos está faltando o pensando que hay algo que podemos perder y con ello dejar de ser lo que somos. Cuando notemos que ese virus ha entrado en nuestro sistema no debemos perdernos fuera, sino ir hacia adentro donde está la luz. No debemos echar a correr buscando lo que creemos haber perdido sino quedarnos más quietos que nunca, porque es en la quietud de la soledad donde se percibe la luz interior. Cuando el cuerpo enferma de una gripe nos quedamos en cama, dejamos de comer e ingerimos sólo líquidos o sopas calientes; en definitiva nos recogemos para recuperar la salud del cuerpo. Con el alma debemos proceder de forma similar, retirarnos a la quietud y a la soledad, y hacer cosas que nos lleven a volver a sentir esa preciosa paz y esa claridad que nos vuelvan a alumbrar el camino. Si echamos a correr hacia fuera el miedo no se irá, es mucho mejor afrontarlo, enfrentarnos a nuestra sombra, a nosotros mismos.

La máscara del miedo

«Tenemos miedo por culpa de nuestras ideas sobre el nacimiento y sobre la muerte, el aumento y la disminución, el ser y el no ser».
THICH NHAT HANH

No hay motivos para sentir miedo. Cuando niños, los fantasmas y los monstruos nos atemorizaban. Vivíamos de forma terrorífica las historias que nos hablaban de terribles personajes, pero todo era fantasía, todo era inventado. Ahora hemos crecido y sabemos que el miedo que teníamos era infundado, lo mismo ocurrirá cuando nos hagamos espiritualmente adultos, sabremos que el miedo que hoy sentimos hacia nuestros semejantes es infundado, no es real. El camino del autodescubrimiento nos llevará a la misma conclusión a la que antes nos llevó la pérdida de la inocencia. El ego es la máscara del miedo que vamos formando pensamiento tras pensamiento. La máscara, tener una personalidad, nos ayuda a relacionarnos, pero nos impide ser naturales y auténticos. Hablando con un amigo, un hombre de negocios con mucho más dinero del que necesita, se preguntaba por qué no consigue alcanzar la verdadera felicidad. Claramente, el dinero le ayuda a sentir una cierta seguridad, pero percibo en él una verdadera necesidad de alcanzar algo genuino. La plenitud, me dice, no llega a sentirla. Seguramente la razón sea que la plenitud no es más que simpleza, un vacío donde nos llenamos de paz. Al despojarnos de todo lo artificioso, de todas las corazas, conseguimos relacionarnos desde la autenticidad. La máscara nos da una sensación de protección, pero no deja salir lo mejor de nosotros y nos aleja de los demás. Adherida a ella de forma superficial con el pegamento falso del miedo, tras ella nuestra voz suena impostada, ciertamente como si hablásemos tras una máscara. A un nivel más profundo se encuentra el amor, el adhesivo universal que lo cohesiona todo. Las tinieblas que enmarañan nuestro corazón se disipan, el miedo desaparece y las mentiras mueren cuando hallamos la luz de la verdad que brilla en un nivel más profundo de nuestro ser.

Cómo superar el miedo: la confianza

«*Un guerrero acepta su suerte, sea cual sea; no como base para lamentarse, sino como un desafío vital*».
CARLOS CASTANEDA,
Relatos de poder

«*Sin fe se puede perder un juego cuando casi ya está ganado*».
PAULO COELHO

Cuando estaba escribiendo mi primer libro la vida me ponía constantemente a prueba para que pusiera en práctica todas y cada una de las enseñanzas que yo quería impartir: la paciencia, la gratitud por lo que tenía, abandonar las expectativas exageradas en cada experiencia sin perder mi entusiasmo ni mi optimismo por lograr mis metas, aprender a encontrar la felicidad en el ahora, escuchar el silencio y a las personas, aceptar la realidad tal cual es. A pesar de que muchas veces volvía a caer, una confianza básica me seguía sosteniéndo y me daba la certeza de que todo lo que me pasaba era para ir pelando las capas de mi ego-miedo. Tras quitar esas capas encontramos nuestra fe. Mira a un bebé en el agua: flota confiado y alegre porque aún no ha tenido tiempo de aprender el conocimiento que le llevará a temer. En nuestra sencillez somos confiados. Verónica de Andrés en *Confianza total* nos dice que un niño recibe al día 450 comentarios negativos y sólo 45 positivos, así el niño va olvidando su confianza natural y empieza a creerse que no es suficientemente bueno, que hay algo que falla en él. Estas malas semillas le harán más tarde ver fantasmas donde no los hay y perderá la confianza en su poder interior y en su talento innato. Entonces necesitará que le hagamos ver de nuevo lo bueno que hay en él, señalarle sus capacidades y animarle a creer en sí mismo. Esto nos resultará mucho más fácil si hemos hallado nuestra propia calma, alegría y confianza. Es bueno enseñarles a nuestros hijos una sana prudencia, pero atravesar el límite y entrar en el miedo nos hace creernos seres pequeños, sin posibilidades y, por lo tanto, convertirnos en tales. La fuerza de nuestra vida reside en nuestra fe, en creer que se puede. Hay un dicho de Henry Ford que tengo en mi despacho desde hace muchos años que dice: «Tanto si crees que puedes como si no, tienes razón». Esto es a la vez terrible y fantástico. Terrible porque solemos creer que no podemos y eso nos hace fallar, y fantástico porque al creer que podemos el universo se confabula con nosotros para ayudarnos a conseguir nuestros sueños, como decía Paulo Coelho en *El alquimista*. La vida siempre nos prueba para que podamos ir un paso más allá; es el paso que nos hace crecer. La vida es un continuo desafío, en medio de las pruebas de la vida a veces perdemos las certezas y nos sentimos perdidos. Es entonces cuando hay que confiar en que la vida nos dará siempre lo que necesitamos. Dejemos que el río fluya sin intentar absurdamente ir contra la corriente. A veces nuestro propio esfuerzo nos lleva a creer que el río es cruel, pero el río no sabe ni que estamos ahí. El río de la realidad simplemente es. Las cosas cambiarán antes o después. Ocurra lo que ocurra, confía en que tendrás lo recursos necesarios para hacerle frente y sacar del lodo tu piedra preciosa de sabiduría.

El miedo a morir

«La tragedia no es que la vida sea corta, sino que a menudo sólo tenemos una tardía percepción de lo que realmente importa».
ELISABETH KÜBLER-ROSS

«Hay mucha gente que hace de todo para no morir pero no hace absolutamente nada para vivir».
STELLA MARIS MARUSO,
discípula de Elisabeth Kübler-Ross

En el fondo de cualquier miedo está el miedo ancestral a la muerte, al misterio que nunca podrá ser completamente desvelado hasta que no atravesemos el umbral hacia lo desconocido. Hoy he leído en el periódico una entrevista. El entrevistado decía que al contemplar la muerte de su abuela se dio cuenta de que la muerte no existía, que más bien había percibido que lo que se le iba era la vida. Esto me ha llevado a preguntarme a cuántas personas se les ha ido ya la vida antes del momento de la muerte física. Lo más común es que la vida se nos vaya yendo por el camino. Tener miedo a la muerte bien puede deberse a que tememos morir sin haber vivido lo suficiente. Creo que las personas que viven intensamente, es decir, arriesgando, sintiendo, estando presentes, amando, no tienen tanto miedo a la muerte. Puede ser que sean las personas que menos se atreven a vivir, las que tengan también más miedo a morir. Morir sin habernos atrevido a vivir es lo que realmente nos aterra. Hay mucha gente muerta en su interior mucho antes de su muerte física, gente que está aquí pero que desgraciadamente ha perdido la ilusión y el asombro por la vida. Vivir muchos años sin vivirlos plenamente no tiene mucho sentido. A algunas personas sólo parece importarles vivir más años sin tener en cuenta la calidad de su vida. Vivir con ganas, sentir que la energía fluye por nosotros, que la vida nos da satisfacción es lo que hay que añadir a nuestra existencia. Esa expresión tan típica de «ir tirando» es tan triste, refleja ese medio vivir en el que se palpa que la savia de la vida no nos llega, que hemos perdido la capacidad de conmovernos y no sentimos el milagro de estar aquí. Y tú ¿cuánta vida te has dejado en el camino? Las heridas, los golpes recibidos ¿Cuánto aliento te han hecho perder? Una vez una terapeuta holística me dijo que los seres humanos somos como un instrumento musical, como una guitarra, que se va desafinando con los sinsabores de la supervivencia. Cada golpe rompe o daña una cuerda. En esencia, seguimos siendo un instrumento del cual podrían salir bellas melodías, pero tenemos que reparar nuestras cuerdas dañadas y afinarnos de nuevo. Es una lástima que sólo por una cuerda dañada quede diezmada toda nuestra capacidad de crear una vida en armonía. Muchas veces transitamos por este mundo como guitarras desafinadas y lo único que producimos son sonidos estridentes. La melodía de nuestra vida se va quedando por el camino. Deberíamos temer al hecho de ir muriendo cada día a una vida con sentido más que a la muerte física en sí. Morimos cuando marcha nuestra alegría, cuando se nos adormece el sentir, cuando quedamos encerrados en un caparazón que nos protege de posibles sufrimientos, cuando se apaga nuestra bella canción. A veces la vida duele, pero así es la vida. El dolor y la alegría de la vida van unidos y no pueden separarse, atreverse a vivir implica sentir cada cosa cuando toca sin huir. Elisabeth Kübler-Ross, una enfermera suiza que estuvo al lado de cientos de enfermos terminales, a los cuales acompañó hasta el último momento, nos quiso ayudar a superar el miedo a la muerte, nos dijo que la muerte no existe, es sólo una transición. Kübler-Ross decía que los niños saben intuitivamente que la muerte es un renacimiento a un estado de vida superior. En su trabajo con niños moribundos descubrió que dibujaban orugas que se transformaban en mariposas. El símbolo de la mariposa se convirtió en un emblema de su trabajo. En sus propias palabras:

«La gente no tiene miedo a morir, la gente tiene miedo a morir en una unidad de cuidados intensivos, alejados del alimento espiritual que da una mano amorosa, separados de la posibilidad de experimentar las cosas que hacen que la vida valga la pena».

Kübler-Ross ayudó a cientos de pacientes a enfrentarse a la muerte, les dio esperanza porque les explicó la posibilidad de otro tipo de existencia tras la muerte, les hizo conscientes de que somos seres espirituales viviendo una vida material, de que el espíritu no muere sino que pasa a un estado superior para vivir otras experiencias. Kübler-Ross recogió el testimonio que éstos le brindaron, enseñándonos que en el momento de la muerte todo se pone en su sitio y lo verdaderamente importante sale a relucir. En esos momentos, expresar el amor a los seres queridos y marcharse sin tener cuestiones pendientes con ellos es lo que ayuda a las personas a irse serenos y confiados. La muerte nos saca de repente de nuestro mundo de ilusiones mentales y nos muestra lo real: que somos impermanentes y que pasamos como pasan los días o las estaciones, que no estamos aquí para quedarnos. Cuando muere una persona de nuestro entorno entramos por un tiempo en un estado reflexivo que nos lleva a ver lo corta e impredecible que es la vida, la cantidad de tiempo que perdemos en naderías y la necesidad de aprovechar nuestros días y decirles a las personas lo importantes que son para nosotros y expresarles nuestro amor. Lástima que después de pasado un tiempo el velo que nos mostraba lo real vuelve a correrse, volvemos a darle importancia a cosas que no la tienen y a escoger de nuevo el miedo y el egoísmo. ¿Qué importancia tienen las posesiones materiales o los títulos en el momento de la muerte? Kübler-Ross nos enseñó que lo único importante para los moribundos es no irse sin haber expresado todo su amor.

Elisabeth Kübler-Ross sobre la muerte

Stella Maris sobre Elisabeth Kübler-Ross: «Para ella, meditar era ponerse frente a un paciente terminal. Ahí el mundo se le terminaba y lograba un espacio tan sagrado con la persona que realmente estaba en un espacio de no mente y en un estado compasivo total».

Quizás podrían ayudarnos a superar nuestro miedo a la muerte las conclusiones a las que llegó Kübler-Ross tras estudiar más de veinte mil casos de personas provenientes de todo el mundo y de todas las culturas, que habían estado clínicamente muertas y que volvieron de nuevo a la vida:

La experiencia de la muerte es casi idéntica a la del nacimiento. La muerte es un nacimiento a otra existencia en varias etapas:

- El cuerpo humano transitorio es como un capullo de seda que se abandona cuando se vuelve inservible. Es como mudarse a una casa más bella.

- El alma queda liberada del cuerpo, como la mariposa del capullo, y ahí nos proveemos de energía psíquica. En ese momento advertiremos que estamos dotados para ver lo que ocurre en el lugar donde hemos muerto. Es una nueva percepción en la cual las personas ciegas describieron con gran detalle la habitación y las personas que estaban a su alrededor, sordos podían oír lo que se decía a su alrededor, y gentes paralizadas sintieron que podían mover su cuerpo. Esta experiencia extracorporal se siente como algo muy agradable.

- Las dimensiones de tiempo, espacio y distancia no se perciben como aquí. El alma puede desplazarse en segundos a distancias de miles de kilómetros para estar al lado de un ser querido.

- Nunca se muere solo, pues en el momento de pasar de un lado a otro nos esperan los seres a los que amamos y se fueron antes, o nuestros ángeles de la guarda o guías espirituales.

- A continuación hay una fase de transición marcada por factores culturales terrestres. Cada uno ve el espacio celestial que se imagina: un túnel, un puente, una montaña…

- Al final se visualiza una luz blanca de una claridad absoluta, y se siente la experiencia del amor incondicional, una experiencia de paz y amor indescriptible de la cual no se quiere regresar.

- Después tenemos una experiencia de toma de conciencia de cómo hemos actuado en nuestra vida. Se toma conciencia de cada acto y pensamiento y lo que provocó en nuestra vida. Esto sucede con gran rapidez, el alma recuerda todo lo vivido como si se tratara de una vida proyectada en un cine. Se comprenden las oportunidades vividas y las desperdiciadas.

En definitiva, en la última fase del proceso se comprende que lo que siempre tuvimos es la capacidad de elegir entre lo positivo y lo negativo, entre el miedo y el amor. Que hemos venido a experimentar el amor incondicional, a darlo y a recibirlo. A cambiar del paradigma del miedo al del amor. Pero siempre dependerá de nosotros llegar a convertirnos en piedras preciosas bien talladas o desperdiciar todo nuestro potencial.

La muerte vista desde el budismo

«Desde el punto vista budista, la vida y la muerte son un todo único, en el cual la muerte es el comienzo de otro capítulo de la vida. La muerte es un espejo en el que se refleja todo el sentido de la vida».
SOGYAL RIMPOCHÉ

La muerte en el budismo tampoco es contemplada como un proceso terminal, aunque nuestra mente y nuestro cuerpo se separan. Para ellos el corazón deja de latir, pero la mente sutil aún continúa en el cuerpo durante unos días hasta que lo abandona para pasar a la siguiente vida. Para ellos la muerte es mudarse de casa pues el alma renace en otra morada después de la muerte. En el budismo se considera la tranquilidad de la mente en el momento de la muerte de vital importancia, ya que en ese momento maduran las semillas que determinarán qué clase de renacimiento tendremos. Si la mente está tranquila germinarán semillas virtuosas y renaceremos en un reino afortunado; una mente alterada al morir activa las semillas destructivas que nos llevan a renacer en un reino desafortunado, algo semejante a cuando vamos a dormir con una mente agitada y luego tenemos pesadillas. Se consideran los procesos de dormir, soñar y despertar similares al proceso de morir, el estado intermedio y el renacimiento. Cuando nos dormimos, nuestra mente se vuelve cada vez más sutil hasta que llega la luz clara del dormir durante el sueño profundo. Al despertarnos, nuestra mente se hace cada vez más burda hasta recuperar la memoria y el control mental. La diferencia estriba en que en el sueño se mantiene la conexión entre la mente y el cuerpo, mientras que en la muerte esta conexión se rompe. Al morir ocurre un proceso similar. Nuestra mente se vuelve cada vez más sutil hasta que se manifiesta la luz clara de la muerte. Esta experiencia se asemeja al sueño profundo. Es el estado que Elisabeth Kübler-Ross define como de paz profunda y amor incondicional. Cuando la luz clara de la muerte cesa, experimentamos las etapas del estado intermedio o bardo en tibetano, que es un estado onírico entre la muerte y el renacimiento. Pasados unos días o unas semanas, el estado intermedio cesa y, entonces, renacemos. Durante el estado intermedio percibimos diferentes visiones que son el resultado de las semillas kármicas que se activaron en el momento anterior a nuestra muerte. De éstas dependerá que las visiones serán pesadillas o sueños agradables, y cómo de agradable será nuestra vida futura. Para los budistas el momento de la muerte es muy importante. Primero porque en el momento en que se activa la luz clara hay una posibilidad real de iluminarse y no volver a renacer en el samsara o reino del sufrimiento, y segundo porque tener o no una vida futura agradable depende de la tranquilidad mental de ese momento. Muchas de las prácticas espirituales budistas nos preparan para el momento de la muerte, para evitar futuros estados de sufrimiento. En definitiva, lo que importa es el modo de vivir, acumular buenas causas, esforzarse para que los demás sean felices. Esto contribuirá a crear las buenas semillas para un buen vivir y un buen morir, y también según los budistas, para un buen renacimiento.

A veces, para provocar a mis interlocutores, les pregunto: «¿Qué le hace estar tan seguro de que no hay vida después de la muerte? ¿Qué pruebas tiene? ¿Y si descubriera que hay una vida después de ésta, tras haber negado su existencia?».

SOGYAL RIMPOCHÉ,
Destellos de sabiduría

La transformación del dolor

«El que está acostumbrado a viajar, sabe que siempre es necesario partir algún día».
PAULO COELHO

Nada ni nadie puede evitarnos el dolor después de la pérdida. El dolor es parte de la vida y cuando surge hay que pasar por él. Pero la comprensión de la vida y de la muerte que nos ofrece el budismo nos puede ayudar a traspasar el dolor una vez pasado el duelo. El budismo nos enseña que las cosas no nacen ni mueren. Todo es manifestación de una energía en perpetuo cambio de forma; nada se destruye sino que se transforma constantemente. En la naturaleza todo está en movimiento, cambiando de segundo a segundo. Todos somos efecto de algo pasado y causa de algo por llegar. El fin de las cosas nos entristece, pero sin el cambio el ciclo de la vida no sería posible. Todo empieza y acaba, la vida es una sucesión de crisis, de pequeñas muertes y renacimientos, tras los cuales ya no volvemos a ser los mismos y que bien llevados van revelando la luz del diamante en bruto que llevamos dentro. Buda nos enseñó que nuestra naturaleza no es ni nacer ni morir sino fluir. Si alguien se ha marchado, el dolor estará presente, pero miremos más allá. La energía de nuestros seres queridos está aún ahí, en todo lo que nos han dejado, en el amor que nos dieron, en cómo cambiaron nuestras vidas. Su huella seguirá presente en muchos detalles de nuestra vida cotidiana. No debemos olvidarles, aunque tampoco aferrarnos a la idea de su pérdida. Hay que recordar con alegría y gratitud en qué y cómo nos cambiaron. Y acudir siempre a nuestro corazón para estar en su compañía. Liberarnos del miedo a la muerte es posible si conseguimos comprender la naturaleza del no nacimiento y la no muerte, nos dice Thich Nhat Hanh. Un árbol nace porque fue sembrado. La semilla, el agua de la lluvia, el sol y el abono son causas del nacer, y nacer es un efecto y a la vez la causa del morir. Morir es un efecto y a la vez la causa de volver a nacer. Nada nace y nada muere. Todo son causas, efectos y manifestaciones. Esas conclusiones surgen de la observación de la realidad. Si percibimos errónea-mente que las cosas nacen y mueren acabaremos hundidos en el sufrimiento y en la desesperación. Comprender el fluir de las cosas nos muestra a nuestros seres queridos desde un prisma distinto. En todo caso es importante olvidar rencores y enfados, no sabemos hasta cuándo podremos estar en su compañía. Si hoy podemos disfrutar del presente con ellos y podemos hacerles felices es un gran regalo de la vida.

El miedo a la soledad

«*Nunca he encontrado mejor compañía que la soledad*».
Henry David Thoreau

«*Un hombre se hace grande en soledad*».
James Allen

Uno de los demonios a los que nos enfrentamos en nuestro camino hacia el despertar es el miedo a la soledad. En ese proceso es normal sentirnos a veces tremendamente solos y vulnerables. De hecho, la soledad vendrá a enseñarnos sus lecciones. Me costó unos cuantos años zafarme del sentimiento de soledad profunda que me dejó al partir quien yo creía que era mi otra mitad. El primer verano, recién separada, el calor y el olor a mar despertaban en mí mil sensaciones mientras iba a trabajar en bicicleta por un camino junto a la playa. El mundo era brillante y luminoso por fuera, pero esa luz no calaba en mi interior, donde todo se había vuelto triste y aciago. Ver a los amantes haciéndose carantoñas me producía un profundo sentimiento de desolación y añoranza, el cual se adueñó de mí completamente durante un tiempo. Él era una persona a quien yo había admirado profundamente por sus cualidades interiores y por su forma de vivir la vida que le hacían a mis ojos una persona con un gran poder y dominio interior, a pesar de no tener ningún interés en absoluto en la meditación u otros temas espirituales. Me gustaba su hacer calmado, su capacidad de vivir en el presente, su sentido del humor y ecuanimidad. Valga decir que por supuesto también tenía otras cualidades que lo hacían una persona no tan ideal, cualquier idealización esconde una percepción incompleta o incluso absolutamente falsa de la realidad. Pero en fin, a mí me sirvió de referente, yo quería aprender a vivir así.

Al marchar quedé obligada a desarrollar mis capacidades y potencial dormido. Pero tuve que sentir el vacío antes de sentir la plenitud. Llenarme de lo que fluye hacia nosotros en la soledad, si nos quedamos el tiempo suficiente en ella. Sólo estando sola pude sentir que la absoluta dicha de estar aquí no se acomoda a ninguna forma externa en exclusividad. Está en nosotros cuando estamos solos o acompañados si hemos llegado a descubrir nuestra dimensión interior, a sentir quiénes somos. Siempre supe que todo está en mí, y sin embargo muchas veces me sentía tremendamente sola, incomprendida. Mi soledad era un sentimiento abrumador que no podía controlar, debía escapar de ese agujero negro en mi interior que intentaba succionarme con gran fuerza. Debía huir hacia otros lugares y otras personas donde no sintiese eso. Pero huir sólo me alejaba cada vez más de mí misma. Fue la conexión conmigo misma lo que finalmente me acercó a los demás.

Hoy me doy cuenta de que todo por lo que he pasado es algo normal y predecible. El proceso de desidentificación por el cual pasamos al ir despertando se asemeja a un síndrome de abstinencia. Ver la realidad es reconocer los estados mentales que nos dificultan ver con claridad. La soledad ha sido también para Jack Kornfield, un destacado maestro de meditación, una de las fuentes de dolor toda su vida, y la define como la experiencia de sentir un agujero o espacio encerrado en su vientre. Una sensación de hambre, anhelo y vacío.

Kornfield nos explica cómo consiguió que ese agujero se transformase en un espacio abierto y que su calidad insaciable cambiase. A través de una atenta atención a lo que sentía, descansando en ese espacio abierto pudo darse cuenta de que la soledad, el dolor y la tristeza, así como todos los sentimientos de rechazo, eran una contracción de su cuerpo y de su mente, basada, nos dice, «en una limitada sensación de mí mismo con la que cargaba desde hacía mucho tiempo». Todo eso lo comprobó descansando en la espaciosidad y la plenitud, ahí supo que esas sensaciones no eran verdad. Por mi parte, yo también estaba encerrada dentro de mis límites cuando no podía ver que las cualidades que veía proyectadas en mi pareja también estaban en mí. El dolor de la soledad viene para mostrarnos que la soledad no tiene nada que ver con estar o no solos. A mí me mostró que si me convertía en mi mejor amiga ella me ofrecería buena compañía y que mi vida está completa si estoy en mí. La soledad se siente cuando estamos desconectados de nuestra propia fuente de luz que es la que ilumina nuestro camino hacia los demás.

Las grandes ciudades son un reflejo de nuestra desconexión interior; en ellas estamos en contacto directo o virtual con cientos de personas pero de forma muy superficial, cual destello de nuestra pobre y poco profunda conexión con nosotros mismos. A medida que nos hacemos más consciente, la soledad y el silencio se convierten en bálsamos, en refugios que vamos buscando. En soledad aprendemos a escuchar y a ser. La soledad es parte del vacío que nos llena de plenitud. Sentirse desolado es fruto de una desconexión con la verdad de lo que somos. Es la soledad quien nos ayuda a reconectar. A veces la vida nos fuerza a ello, como me pasó a mí. Otras, la elegimos conscientemente.

Un retiro de soledad y silencio nos limpia exhaustivamente el cuerpo emocional, igual que un ayuno físico nos limpia el cuerpo en profundidad. Podemos aprender mucho de nosotros en soledad. A veces sufrimos porque en el fondo anhelamos encontrarnos con lo más profundo de nuestro espíritu, como nos dice el escritor James Allen, nuestro anhelo es a menudo hambre espiritual.

Hacer un pequeño retiro de soledad y silencio

«¡Era tan extraordinariamente hermoso encontrarse solo en medio de estos inmensos, altísimos árboles, antiguos más allá de la memoria y tan por completo indiferentes a lo que estaba ocurriendo en el mundo, silenciosos en su antigua dignidad y fuerza! Y en esta cabaña, rodeado por estos viejos árboles, uno estaba solo día tras día, observándolo todo, haciendo largas caminatas sin toparse prácticamente con nadie».

KRISHNAMURTI,
en un retiro de tres semanas en una cabaña
en el Sequoia National Park (septiembre de 1942).

Los retiros de silencio son un ejemplo perfecto de la ley del tao: vaciar para llenar. Una perfecta forma de vaciarnos de estímulos y crear espacio sanador. En *El tallador del diamante,* su autor, el monje budista Michael Roach, nos habla del secreto de salud física y mental del los grandes sabios tibetanos: el círculo (tsam).

El circulo es una manera de apartarnos del trabajo un tiempo determinado para crear un espacio de tranquilidad y reflexión que nos ayude a recibir nueva energía y nuevas fuentes de inspiración. Se trata de escoger un mismo día a la semana y no cambiar esa rutina. Ir a algún lugar donde podamos estar en silencio, solos, sin teléfono ni televisión, sin periódicos, revistas, novelas, niños o familia, sin animales domésticos ni cosas que reparar. El círculo es un espacio de silencio y concentración completo, no funciona si te interrumpen. Por la mañana estaremos sentados en completo silencio, y por la tarde podemos hacer algo no útil para nuestro trabajo habitual, como cuidar el jardín, aprender fotografía, etc.. Por la noche debemos hacer el esfuerzo consciente de salir y ayudar a alguien. Ir al círculo nos saca de la rutina de seguir un único esquema mental laboral o cotidiano, y nos ayuda a encontrar nuevas vías creativas. Michael Roach nos habla de otra forma más avanzada de retiro silencioso.

El círculo del bosque

Es una forma muy poderosa de regenerarse completamente, y de dar un salto laboral y personal para conseguir unos objetivos. Necesitamos dos semanas libres de trabajo, aunque esto no sea siempre fácil, ver los excelentes resultados que puede darnos nos ayudará a creer en él y luchar por conseguir el tiempo libre que necesitamos. Lo más importante es tener silencio total. Buscaremos un sitio solitario y tranquilo donde nadie nos pueda llamar ni encontrar. Sin ruidos de tráfico. No debemos aceptar correos, visitas o llamadas de teléfono. Debe ser un lugar solitario, donde no veamos a otras personas. No debemos entender el círculo del bosque como unas vacaciones, sino como un propósito serio de entrar en contacto con lo más elevado de nosotros, un viaje muy poderoso cuando conseguimos estar completamente solos.

El programa básico diario en el círculo del bosque: una hora de silencio completo para pensar en los temas importantes de nuestra vida y trabajo. Una hora de estudio de libros espirituales. Una hora de paseos tranquilos u otro ejercicio. Una hora para tomar una comida ligera y descansar.

Después de una semana de hacer este retiro es normal tener algunos días de baja moral. Debido a la influencia del silencio nuestra mente estará más clara e intensa que antes, y de modo automático se nos ocurrirán ciertos cambios en nuestro estilo de vida, trabajo y situación familiar que nos resultarán muy positivos. La soledad es un estado fértil, nos devuelve la creatividad y la vitalidad física y mental. Nuestra alma castigada por el barullo se recompone en silencio y soledad, y nos regala un espacio para la comprensión de las cosas. Dentro de nuestro silencio se halla nuestro poder oculto, una fuerza en la cual podemos confiar porque es estable. Somos mensajeros de lo infinito, viajeros atemporales que se han perdido en el tiempo. Encontremos nuestra luz en la soledad y luego seamos un faro para los demás caminantes.

El miedo al sufrimiento

«Las personas más bellas que hemos conocido son aquellas que han conocido la derrota, el sufrimiento, la lucha, la pérdida, y han encontrado su manera de salir de las profundidades. Estas personas tienen una gratitud, sensibilidad y comprensión de la vida que los llena con compasión, dulzura y una preocupación amorosa. Las personas bellas no suceden por casualidad».
ELISABETH KÜBLER-ROSS

«Nuestros corazones pueden hacerse fuertes donde hay roturas».
JACK KORNFIELD

Una vez un amigo me dijo que yo no quería aceptar mi sombra y que era sin embargo cayendo a los infiernos como recogería el diamante. Me pareció que no querer aceptar la sombra es muy propio del ego miedoso, y que es totalmente cierto que la joya preciosa la hallamos cuando resurgimos de las cenizas. No querer sentir el dolor es lo peor que puede ocurrirnos porque éste crece con nuestro rechazo a sentirlo. Fluir es aceptar estar tristes, prestar atención a nuestro corazón partido. El dolor tiene su proceso. Si no queremos que esté ahí, justamente hará lo contrario, se quedará. El dolor tiene un cometido y no se irá hasta que no lo haya cumplido: hacerte más consciente. Respira conscientemente y abraza las sensaciones, aunque sean negativas. Las sensaciones sólo son sensaciones mientras no las interpretamos. El dolor se marchará si sabemos vivirlo a fondo y ya no volveremos a ser los mismos pues éste nos habrá transformado profundamente. «La flor de la conciencia necesita el barro en el que crece», nos dice Eckhart Tolle refiriéndose a la flor de loto como símbolo de la sabiduría que se alimenta de las aguas pantanosas. El dolor nos permite bucear en nuestra propia alma y acercarnos al ser sin máscara, libre y calmado que habita en nosotros. En el pasado mi pareja me proporcionaba seguridad, era un refugio cuando todo se me ponía en contra, me brindaba amistad y consuelo. Pero decidió marcharse y yo no podía aceptar esa realidad. A nivel externo lo dejé libre desde el primer día, no luché, le di libertad absoluta. Intenté comprender cómo se sentía y lo dejé volar. Nunca lo odié ni le guardé rencor. Seguimos siendo amigos desde entonces e intentamos ayudarnos y apoyarnos, pero interiormente no podía aceptar las cosas y vivía resistiéndome, pensando sobre todo en un futuro mejor. Con mi mente abandonaba mi presente, totalmente lleno de dolor para no enfrentarme a él. Pero si no me enfrentaba no lo superaría. Mi suerte fue tener otro desengaño amoroso a los cuatro años de mi separación, lo que rompió por fin el cascarón y me obligó a enfrentarme por fin al sufrimiento de la pérdida. Entonces aquello que me estaba bloqueando pudo salir. Es normal llorar después de una pérdida. No podemos pretender fingir que todo va bien en esos momentos. Es mejor aceptar la realidad, es el camino más rápido para volver a estar bien. Vivir a fondo la tristeza, concedernos un tiempo de duelo nos ayuda a sanar y a liberarnos de ella.

Desgraciadamente, no siempre sabemos hacerlo, yo no supe. Mientras mi mente me empujaba hacia un imaginario futuro mejor y seguía combatiendo para que las cosas fuesen como yo quería no fui feliz. La paz sólo me llegó al rendirme; en ese momento volví al momento presente, lloré, sentí y volví a renacer. También me sentí más fuerte interiormente. Los malos tiempos me sirvieron para saber que podía sostenerme si estaba presente en mi vida, que la alegría llegaba cuando había superado la prueba. También fui consciente de que siempre habrá cosas que salgan mal y que fallen cuando menos lo espere. Que habrá situaciones incompatibles con el entusiasmo y la alegría, y entonces será necesario en la medida de lo posible haber encontrado formas de encontrar paz y equilibrio en medio de las tempestades de la vida.

La lección que extraje de esos años es que es mejor enfrentarse al sufrimiento que huir de él. Yo tenía miedo al sufrimiento, inconscientemente temía no poder hacerle frente. Ahora me conozco mejor y sé que siempre somos capaces de mucho más de lo que creemos. Atravesando nuestra frágil sensibilidad llegamos al campo fértil y frondoso de la creatividad y a la dureza de nuestra resiliencia. Somos muy capaces.

El sufrimiento, un camino hacia la verdad

*«Es necesario aprender lo que necesitamos
y no únicamente lo que queremos».*
PAULO COELHO

A través del propio dolor podemos también hacernos conscientes de que es importante no infligir a nadie un dolor innecesario por ignorancia, porque la vida duele a todos por igual. El dolor que causamos tiene las raíces en nosotros y las consecuencias de haberlo provocado nunca nos abandonarán. El dolor nos permite averiguar lo que se siente cuando algo duele, es comprender el dolor universal a través de la experiencia. El meditador y escritor Jack Kornfield nos dice que la belleza y el dolor de la vida no pueden separarse, que en nuestro propio océano de lágrimas tenemos la oportunidad de abrir nuestro corazón a todos los que sufren. Conozco a unas personas muy allegadas, que han sufrido durante muchos años la ausencia del hermano y del hijo respectivamente por rencillas que no deberían ser importantes. La persona en cuestión ha vivido en el mismo vecindario que su hermana y su padre negándoles hasta el saludo durante treinta años. El padre, un abuelito de noventa y nueve años, acaba de morir. Su vida fue un eterno esperar a que su hijo entrara en razón y al menos le saludara por la calle. Esperando, esperando, casi cumplió los cien años, sólo le faltaban meses. Cuando ya estaba muy mayor, todos creían que su muerte estaba cercana, pero pasaban los años y él resistía. Creo que simplemente esperaba ver a su hijo una vez más y hacerlo entrar en razón. Pero éste nunca lo hizo. He visto a estas dos personas sufrir mucho por ese desprecio durante demasiados años. Pero el hijo ausente simplemente no tenía la capacidad de ver el dolor que provocaba en su padre y en su hermana. No estaba en contacto con su propio corazón. Es sentir el dolor propio lo que puede abrirnos a sentir el de los demás, a la compasión. No encontraremos un lugar bajo el sol si no somos cuidadosos en no herir a los demás. Todos estamos unidos a un nivel más profundo y no hay sol para el que se alinea bajo la sombra del sufrimiento. Debemos comprender que dañar a alguien es hacérselo a uno mismo y que querer a los demás nace del amor que nos demostramos a nosotros mismos. Hay seres muy dormidos, incluso patológicamente dormidos, como, por ejemplo, puede serlo un psicópata, el cual al no poder conectar en absoluto con su mundo emocional ignora lo que significa dañar a otro; por eso no le afecta, e incluso disfruta infligiendo el mal. Pero hacer sufrir a otro ser no es gratis, no hay nada gratis en esta vida; absolutamente todo tiene un precio. Quizás llegará el momento en que la persona dormida a la que hacíamos mención sufrirá por el desprecio de alguno de sus hijos y en ese momento comprenda el dolor tremendo que le hizo padecer a su padre y a su hermana. El dolor es muchas veces el camino hacia un estado de conciencia más despierta, porque a través de él sentimos y comprendemos la experiencia del que está a nuestro lado. Sólo alguien que ha perdido un hijo puede saber y entender lo que supone tal pérdida. Ésa es la razón por la que muchas personas tras un trauma se dedican a prestar apoyo a otros que están pasando por el mismo trance. La compasión es la comprensión del dolor de los demás. Sentir dolor puede llevarnos a horrorizarnos ante la fealdad y la maldad que pueden provocar las personas que aún no se han podido conectar con sus propias emociones. Es feo y entristece el alma que un padre se muera esperando que su hijo venga a darle un abrazo. Esa persona que murió tan triste era mi abuelo. La crueldad nace en el mundo por no ser capaces de ver con los ojos del corazón. Pero cuando vemos de verdad, un segundo de luz en nuestra mente puede cambiar toda nuestra percepción sobre la vida. Cuando puedes percibir la sutileza del tacto aterciopelado y el rojo brillante y luminoso de un pétalo de rosa, todo lo sutil de la vida se hace aparente, como el valor de las personas.

> *«No reprimir nuestros sentimientos ni quedar atrapados en ellos, sino entenderlos: ése es el arte».*
> JACK KORNFIELD,
> Después del éxtasis, la colada

Aplacar el deseo

Los deseos egocéntricos que nos esclavizan

> *«Los seres que están llenos de deseos caen en el río de ansias generado por ellos como la araña cae presa de la tela que ha tejido. Los sabios cortan los lazos del anhelo y siguen caminando con resolución, dejando atrás todos los males».*
> DHAMMAPADA

Hablando con diferentes personas me comentan que ellos al comenzar una vida espiritual no quieren convertirse en seres sin deseos. A muchos puede parecerles que no tener deseos es no tener emociones ni vida, puede verse como algo similar a estar muertos. Sin embargo quedarnos sin deseos no es morir, más al contrario, es cuando nos quedamos enganchados a un deseo cuando morimos como seres en plenitud. Aunque parezca una contradicción, no lo es, pues un enganche no nos deja fluir y la totalidad es por definición un estado de fluidez. El deseo es una energía muy poderosa que nos mueve hacia delante en la vida, pero no podemos quedarnos enganchados a él. Tener objetivos y perseguirlos con determinación puede transformar nuestro mundo en algo mejor, pero hemos de enfocar los deseos de manera adecuada para no caer en compulsiones y apegos que en lugar de darnos vida nos la quitan. Al formular nuestros deseos hemos de tener cuidado en incluir en su consecución el bienestar de los demás. Si deseamos sólo cosas para nosotros mismos, si pensamos sólo en nuestra propia satisfacción, nos alejamos de los demás y acabamos generando más insatisfacción. Los deseos de tipo egoísta siempre engendran más anhelo y nunca quedan saciados. Quedar enganchados a la energía de un deseo nos convierte en víctimas de lo que queremos conseguir e impide que la vida fluya y nos permita verlos materializados. El amor es plenitud, abundancia total, sensación de deseos colmados, una emoción mucho más rica que el deseo. El deseo/apego por el contrario nos agota, pues nuestra mente no está aquí y ahora sino distraída persiguiendo el objeto del deseo. La muerte del deseo es el verdadero despertar a la vida. En *Conquista tu felicidad* veíamos que el último escalafón del deseo es la muerte. Una vez surge en nosotros el deseo por algo o por alguien, salimos tras él y nuestra vida se torna confusa. Después, ésta confusión se convierte en obsesión y finalmente ese deseo nos acaba matando. Es la muerte de la conexión con nuestro ser interior. El deseo en grado de apego a algo o alguien nos mata como seres libres e independientes ya que sólo nos importa satisfacer el deseo, y gozar del presente se nos vuelve imposible. Me reconozco a mí misma en muchas situaciones pasadas, en las cuales el apego/deseo me ha alejado del presente y de mí misma. Sólo puedo decir que todo lo que he ido buscando lo encontré cuando se aplacaron mis deseos. Una y otra vez la vida me enseñaba que todo lo que buscaba fuera estaba dentro de mí. Es una auténtica liberación vivir sin estar apegados a ningún deseo ni a ningún resultado. Podemos elegir mover las energías de deseo para transformar el mundo. El deseo es creador de mundos, pero luego hemos de soltarlo y confiar sin fisuras en que sucederá lo que sea mejor para el crecimiento de cada uno. Siempre sucede lo que más necesitamos. Si está ocurriendo, por alguna razón es necesario que así suceda. En resumen, las compulsiones o apegos nos descentran, el amor nos centra. El apego/deseo es causa de sufrimiento, el amor es causa y efecto de felicidad. Movamos nuestra energía de deseo para el beneficio de todos, y que los deseos para nuestro propio bienestar no nos hagan convertirnos en víctimas de aquello que deseamos conseguir. Es mucho más importante seguir calmados y en paz. Es con libertad interior como nuestros deseos se hacen realidad. Un deseo que nos descentra y nos lleva a adicciones terribles es negativo, tal energía de deseo es la que hemos de abandonar.

El deseo de control

> *«Ahora sé que todos tenemos dos vidas: la que nos sirve para aprender y la que vivimos según ese aprendizaje».*
> MARLO MORGAN,
> Las voces del desierto

La mente controla. Es otra de sus cualidades. Desprendernos de la necesidad de controlar es esencial para ser felices. Recientemente, mientras estaba sentada esperando a que me sirviesen la comida en el restaurante al que voy a comer cuando trabajo en Barcelona, sentía una felicidad tan profunda que cada detalle de estar ahí sentada me parecía entrañable. El sol que se filtraba por las ventanas de cristales pequeñitos, la simple sensación de estar allí sentada me parecía muy agradable. Normalmente esperar desespera, especialmente cuando uno no tiene un buen día, pero ese día no tenía la necesidad de que nada fuese diferente a como era y eso me hacía inmensamente feliz. O quizás era a la inversa, sentir esa felicidad profunda me hacía aceptar con gusto todo tal como era… Vivir un día sin la necesidad de que las cosas se ajusten a lo que esperamos de ellas es una auténtica liberación. Ver el discurrir de la vida y amoldarnos a ella como el agua que fluye nos hace genuinamente libres. Estar verdaderamente instalados en nuestra propia vida nos proporciona la sensación de estar en casa allá donde estemos, hagamos lo que hagamos. Es importante fijar el rumbo, pero luego hay que dejar con confianza que el barco navegue. Tras tomar decisiones para conseguir unos objetivos, dejaremos que los acontecimientos se desarrollen a su ritmo, sin forzar las cosas. Si las cosas se tuercen enderezaremos el timón y continuaremos la navegación. Intentar tener el control de todo es agotador e inútil. El pensamiento de que las cosas deberían ser diferentes a como son nos aleja de la plenitud y nos lleva a sufrir. Consciente o inconscientemente queremos que las cosas sean distintas y eso anula todo lo bueno que pueda haber en nuestro presente con toda su imperfección. Cuando la corriente de la vida nos está empujando en una dirección y oponemos resistencia entramos en el dolor; para salir de él debemos dejar que las cosas sean como son. Si hay enfado hay resistencia, si hay tristeza hay resistencia, si hay dolor hay resistencia. ¿Para qué necesitamos el control? Deja de resistirte, lo que tenga que ocurrir ocurrirá de todos modos. Desde que el día amanece intentamos tener el control sobre todo lo que nos ocurre en muchos sutiles detalles; si las cosas no suceden según lo previsto nos contrariamos y nos ponemos de mal humor. Imaginemos que perdemos el tren por la mañana y que eso nos hace llegar tarde al trabajo. No es algo agradable, pero si no está en nuestra mano cambiar las cosas en ese momento no merece la pena estresarnos; es un inútil gasto de energía. Es uno de miles de ejemplos. La necesidad de control arruina nuestra vida de múltiples maneras: no encontramos ropa que ponernos por la mañana, se nos acaba la leche o el café… Cualquier detalle nos puede hacer saltar por el aire y arruinar nuestra paz ese día. En el fondo no importa si sabemos darle la justa importancia, pensar en alternativas y controlar nuestro enfado. Vencer la necesidad de que las cosas sean distintas cambia la calidad de nuestra vida cotidiana. Las cosas deberían ser como son pues son así. Si se trata de crisis más importantes en nuestro último beneficio el enfoque ha de ser similar. Tenemos una tendencia innata a querer que las cosas continúen en la estabilidad conocida, pero en realidad no tenemos el control sobre nada ni nadie. No podemos cambiar los antojos de otra persona, no tenemos el control sobre sus afectos o preferencias. Pensar que tenemos el control es una ilusión. Cuando subimos a un avión, solemos perder la percepción de seguridad que tenemos en tierra pero es una falsa sensación porque ocurren más accidentes en otros ámbitos que en el contexto de un viaje en avión. Lo que tenga que pasar pasará y lo que no, no lo hará aunque pongamos todo nuestro empeño en ello. Nunca tuvimos el control final de las cosas porque son las semillas que hay en nuestra mente las que al madurar nos muestran la realidad tal y como la vemos. Con cada decisión tomada u omitida nosotros decidimos nuestro devenir en el pasado aunque lo llamemos «fuerza del destino». Lo más sabio es ceder el control cuando ya no está en nuestras manos cambiar algo. Es un alivio, el comienzo de nuestra paz. Amar nuestra vida imperfecta es una revelación; el día que me encontré amando mis circunstancias, a pesar de que las cosas aún no eran como yo habría deseado, me di cuenta de que ya no tenía que esperar que nada ocurriera ni que nada fuese diferente para ser feliz. A pesar de nuestros problemas, en nuestro presente sigue habiendo mucha vida que hemos de encontrar al volver a nosotros, al volver a estar presentes, al dejar de controlar. Poder sentir que estamos vivos, la simple sensación de los rayos del sol en nuestra cara o ver el cielo azul en una fresca mañana. Si los problemas no son muy graves, cede el control, y si lo son, cede el control. No ganamos absolutamente nada intentando controlar y tratando de que las cosas sean diferentes. Es una cuestión de actitud dejar de controlar; las cosas van a seguir su curso de todas maneras.

> *«Seamos quienes seamos, somos la persona correcta;*
> *estemos donde estemos, es el lugar correcto para despertar,*
> *el lugar que se nos ha dado para servir».*
> JACK KORNFIELD,
> Después del éxtasis, la colada

Cuando se produjo la ruptura, para mí inesperada, de mi matrimonio, me quedé en un estado mental de limbo, mi vida de repente se había detenido, era como si me hubieran sacado de mi lugar en el mundo. Me sentía como un pez fuera del agua que se había quedado sin su sustancia vital. Lo cual, lógicamente no era cierto, sólo tenía que respirar profundamente para comprobar que la vida continuaba. Pero mis pensamientos me llevaban a creer que había sido reemplazada. En la vida del que hasta entonces había sido mi pareja había otra persona de mi misma edad, con un hijo también de la edad del mío. De la noche al día me quedé sin familia, sin pareja, sin amante, sin amigo... Tenía la sensación de no hacer pie, de que todo se había desestabilizado. El pilar que yo creía que me sostenía se había derrumbado. Pero simplemente no era cierto, era una percepción errónea que me alejaba de mi vida y de los demás y me causaba un gran sufrimiento. Hasta pasados unos años y ganar perspectiva del gran favor y la gran enseñanza que me había proporcionado su alejamiento y separación de mí, no pude darme cuenta de que es imposible salirse del sitio. En la vida siempre estamos en el sitio correcto. Justo en el lugar que tenemos que estar. No puede ser de otra manera. Estamos ahí. No siempre es un sitio cómodo o agradable, pero eso no es lo importante. Lo importante es ganar perspectiva y conciencia de la realidad. Nadie llega a nosotros por casualidad y nada ocurre al azar. Todo cuanto se acerca a nosotros pretende ayudarnos a ganar conciencia de lo real. Nadie puede arrebatarnos nunca nuestro lugar en el mundo. Siempre estamos justo en el centro de nuestro propio universo. No tenemos control de lo que nos sucede hoy, aunque si tenemos libertad para elegir lo que nos puede procurar un mejor mañana. La verdadera gracia de la vida es vivir lo que nos ocurre con una actitud de curiosidad y experimentación confiando en que allá donde nos lleve el camino será finalmente un buen lugar. Si vivimos confiando en que la vida nos da siempre lo necesario, ésta puede llegar a seducirnos a cada momento. La vida nunca dejará de sorprendernos con sucesos inesperados, aceptemos simplemente que las cosas ocurren así para nuestro mayor bien. Estamos aquí para despertar a la vida, todo lo que nos ayude a eso es bueno. La vida nos saca con frecuencia del letargo en el que caemos cuando nos acomodamos; si has decidido volverte más consciente de tu dimensión espiritual tendrás que prepararte para los desafíos y las rupturas con el orden hasta entonces establecido. Para que la luz entre en tu interior la vida te abrirá una herida; es necesario que sea así. Tendrás que romperte para que pueda entrar en ti la luz que te deje ver quién eres. Este momento de caos puede no beneficiarte a simple vista; pero sí beneficia tu despertar. La felicidad no la encontramos al alejarnos de las situaciones incómodas y dolorosas; Pema Chodron nos dice que resistirse a la vida es el infierno: «Nuestros demonios vienen a ayudarnos a despertar. Parecen malos, pero son nuestros amigos más útiles».

> *«Lo esencial no es ser perfecto. Lo esencial es tener un mandato en el propio interior para ponerse de nuevo a la obra cuando uno se ha desviado de ella».*
> ALEJANDRO JODOROWSKY,
> El dedo y la luna

> *«Si cierras la puerta a todos los errores, dejarás fuera a la verdad».*
> RABINDRANATH TAGORE,
> Pájaros perdidos

¿Cuánto dolor y sufrimiento necesitamos para llegar a vivir algunas verdades? Solemos buscar la felicidad en las condiciones externas de nuestra vida, destruir esta inercia no es fácil. Suelen ser las crisis las que nos obligan a replantearnos todo. Después de la partida de mi exmarido, alguien que me hacía una terapia energética me dijo que de mí dependía interpretarlo como una bendición para explorar nuevos caminos. Pero en aquellos momentos me veía incapaz de crear mi propia felicidad sin recurrir a nada exterior, amigos, una nueva pareja… Yo estaba en pleno proceso de cambio personal, mi mente aún no era clara, me quejaba, era impaciente, hablaba en exceso, tenía apegos, miedo a la soledad… Eso me hacía sentirme imperfecta y sin derecho a merecerme lo mejor. Y nunca hay realmente un motivo para eso. Somos luz, ahora y cuando estamos en proceso de comprender la realidad. Es importante aceptarnos como somos en este momento, con todos nuestros errores y defectos, pues ellos son nuestra fuente de sabiduría y lo que nos ha llevado a nuestro nivel de comprensión actual. Ver nuestra sombra es un proceso bochornoso, no nos gustará lo que veamos, pero cuando cambiemos nuestro nivel de percepción veremos que todo siempre fue perfecto. En aquel entonces había momentos de confusión y otros de confianza. En la confianza trabajaba en mí, pues sabía que ése era el camino. En el pánico, volvía a aferrarme a lo exterior para sentir seguridad. Y así ha sido mi proceso interior. En el fondo tenía la certeza de que el camino se hacía así, de que ir basculando de la luz a las sombras era parte de llegar al equilibrio. Jack Kornfield, después de hablar con muchos místicos que han experimentado el éxtasis en *Después del éxtasis, la colada,* nos dice que en la vida espiritual la flor de nuestro corazón se abre y se cierra, pasando por épocas de miedo y duda y otras de paz profunda y amor. Al volver al mundo tenemos que integrar esa paz resolviendo nuestros conflictos con los demás. Una cosa es sentir el éxtasis y otra muy distinta que eso nos ayude a mejorar nuestra vida y nuestras relaciones. Unos padres o hijos conflictivos, un trabajo estresante, un jefe prepotente y cruel, relaciones difíciles con amigos y familiares, ahí está nuestro reto y nuestro trabajo por hacer. Lo más inmediato es nuestro espejo más fiel. Se puede ser un místico y vivir a nivel superficial, huyendo del dolor y del vacío con plegarias y cantos. Volviendo atrás en el tiempo de crisis hubo un momento en mi vida en el que sentí que todo y todos se alejaban de mí irreversiblemente. Sabía que era inútil intentar aferrarme a algo porque ya no había nada ni nadie. No tuve más remedio que empezar a intimar con mi soledad, entonces pude comprobar que todo era cierto, de mi interior surgía la paz y la plenitud; mientras más adentro iba más la sentía. No fue hasta que fui empujada a mi soledad que gané la certeza por mí misma de todo lo que sabía a nivel teórico. Una crisis nos obliga a integrar nuestra práctica espiritual en nuestra vida, es decir no sólo es importante saber meditar sino también saber vivir con corazón y abrirnos con confianza a los demás. El camino espiritual idealmente nos prepara para enfrentarnos a esta continua transición incierta que es la vida. En el camino perdemos y ganamos, caemos y resurgimos. Lo importante es que al volver a levantarnos sigamos manteniendo la fe y la confianza. Cierta belleza y conocimientos profundos sólo pueden apreciarse en la caída. No debemos sentirnos culpables por descubrirnos incoherentes o perezosos a la hora de poner nuestros conocimientos en práctica. Simplemente sigamos intentándolo. Si te caes, levántate. Experimentar noches oscuras del alma es algo que puedes esperar en el camino de autodescubrimiento. No esperes perfección pues si fuésemos perfectos no estaríamos aquí. La práctica cuesta más que la teoría, no aceptes a nadie que te haga sentir culpable. Quien te quiera te señalará los errores con cariño y suavidad. No debemos aceptar censuras ni reprimendas de nadie. Que cada cual acepte sus propias lacras y tendrá más que suficiente para censurar. Una de las cosas que más me dolía cuando estaba en esa fase de maduración personal es que me hicieran sentir que no me merecía mis sueños porque no era lo perfecta que se suponía que debía ser, una persona con tanta teoría sobre la felicidad no debería estar sufriendo. Simplemente me hallaba en mi propio proceso de limpieza emocional. Al final, me di cuenta de que no debía permitir que nadie me hiciera sentir así. En la película «Confianza total» de Verónica de Andrés una pregunta fue la que más me impacto: «¿Crees que te mereces tu sueño?». Es de vital importancia que esto sea así para llegar a conseguirlo. Debemos sentir que nos merecemos brillar; como dice de Andrés, «¿quién eres tú para no merecerte brillar?». Hay muchos niveles de comprensión de la realidad. Hasta que la verdad aterriza en el nivel más profundo y podemos vivir de acuerdo con ella, hay muchas fases en las que sabremos perfectamente que estamos haciendo exactamente lo opuesto a lo correcto. El que hace una dieta tiene días de debilidad, y el adicto que está intentando salir de su adicción a veces recae. Habrá días en los que sin poder remediarlo caeremos en el antiguo patrón del miedo. No te juzgues. No importa que seas o no perfecto, importa que estés haciendo el camino. Aprovecha cuando otros te señalen tus defectos para intentar superarte. También aprovecha para corregirte a ti mismo, cuando veas los defectos de los demás, recuerda que ahí fuera no hay nada que no seas tú. Habrá momentos en los que te parecerá que eres peor persona, que nunca te habías visto tantos defectos. Pero la locura de la mente sólo se ve cuando nos quedamos quietos. A veces estaremos deprimidos, otras ansiosos y otras alegres, pero nada de lo que sucede es equivocado. Para un buda la energía de la neurosis y de la iluminación son la misma cosa. Las dos surgen del mismo vacío y cumplen su propósito. Querer ser perfectos es un deseo del ego que nos impide ser nosotros mismos, es mucho mejor poner nuestra energía en intentar dar lo mejor de nosotros en cada situación. El perfeccionista pierde su encanto porque su rigidez no le deja ser espontáneo, pero incluso si eres así no importa. Si sabes ver más allá de tus errores verás belleza en todas las personas y comprenderás que tú estás más allá de cualquier idea sobre ti; precioso y perfecto en tu imperfección.

Si ya ha sucedido, no lo puedes cambiar. Acepta la derrota

«El bien puede resistir derrotas; el mal, no».
RABINDRANATH TAGORE,
Pájaros perdidos

*«Todas las batallas en la vida sirven para enseñarnos algo,
inclusive aquellas que perdemos».*
PAULO COELHO

La vida es un reto. No conozco a ninguna persona que no esté afrontando en este momento una situación que de alguna forma le supera. Los hospitales están llenos de gente que se enfrenta a temas de salud más o menos graves o a pérdidas irreparables. Hay dificultades serias de entendimiento con familiares, personas que se encuentran sin trabajo que les sirva como sustento de vida y otras que buscan sin éxito el amor o tener descendencia. Salud, dinero y amor son cosas esenciales que a veces no se nos dan y sufrimos. ¿Cómo podemos ser felices si las circunstancias no nos favorecen? Muchas veces no sabemos reconocer los envoltorios inesperados en los que vienen nuestros deseos. Recuerdo una de mis películas favoritas: *Bajo el sol de la Toscana,* (Audrey Wells, 2003). Los deseos de Frances Mayes (Diane Lane), la protagonista de esta historia, se van cumpliendo pero nunca le llegan en la manera que ella espera. Tras su reciente divorcio se traslada a Italia a vivir y entre sus deseos está tener una boda, una familia y alguien para quien cocinar en la nueva casa que adquiere en la Toscana. Todo esto sucede, aunque no exactamente como ella planea. Finalmente se relaja, conecta consigo misma y acepta su vida como es; de esta manera permite que eventualmente llegue el amor de nuevo a su vida, esta vez sí de la forma que ella lo había soñado. Aceptar es olvidar el *por qué a mí,* asumir la derrota, cederle la victoria al enemigo, dejar de luchar contra el mundo y elegir la paz. El acto de rendirnos es la condición que nos pone el universo para mostrarnos la otra cara de la moneda. Cuando te rindes, tus errores te son mostrados como necesarios para la derrota de tu ego. En esa derrota sólo perdemos el miedo que nos impide darnos cuenta de quiénes somos. Deja que el universo te muestre el mejor camino, lo que buscas no lo encontrarás si la energía que te mueve es el miedo o la desesperación. Hubo un tiempo en que solía renegar de mi existencia pensando que las cosas no eran como debían ser; creía haber perdido el amor porque mi dolor me impedía ver con claridad que lo que experimentamos como falta de amor es simplemente un cable suelto, una desconexión de nosotros mismos. No dependemos de nadie para volver a hacer la conexión y empezar a percibir el mundo de forma diferente. Gradualmente fui comprendiendo, aceptando y confiando. En un principio nada cambió externamente, pero interiormente empecé a sentirme mucho más ligera y feliz. Lo único que iba variando era mi forma de mirar a las cosas, de percibir mi vida, y mi grado de agradecimiento hacia las cosas. Todo ocurre en el momento preciso, como dice mi amigo Toni, todo está milimétricamente calculado en el universo, nada es azar. Si estás dormido algún día despertarás, porque el alma en un momento u otro despierta a su anhelo profundo, que es sentirse en totalidad. Ofrecer la victoria al enemigo es la forma más fácil de allanarte el camino, pues el enemigo también eres tú.

«*La tarea física más sencilla constituye la entrada a aprender a estar en este mundo de un modo sagrado. (…) Cada pequeño acto se hace no sólo con las manos, sino con el corazón. (…) Mi vida se ha convertido en vivir a fondo las pequeñas epifanías de cada instante. No confío en las grandes, en las que se infla mi ego.*
O es aquí o ahora, o lo perdemos».

RECOPILADO POR JACK KORNFIELD,
en *Después del éxtasis, la colada.*

LO QUE PUEDES HACER EN UN DÍA CUALQUIERA

Abre tu corazón

*«Cuando alguien desea algo ha de saber que corre riesgos
y por eso la vida vale la pena».*
PAULO COELHO

Las sensaciones que percibía cuando de pequeña iba a misa por alguna celebración no eran muy agradables. El mundo religioso me parecía triste y árido. Sentía congoja y aflicción, sensaciones del todo contrarias a la plenitud. La idea del castigo y del sufrimiento porque somos pecadores me transportaba a un mundo lúgubre y triste. Mis inquietudes espirituales nada tenían que ver con todo eso. Cuando conocí el budismo me sentí muy cómoda con la idea del ser humano como un ser libre e inocente en esencia. Desde luego, si la divinidad estaba en algún sitio no podía ser mas que dentro de nosotros. Todo lo demás nos dejaba a merced de una deidad a veces iracunda y a veces compasiva. Partir de la idea del pecado me parecía obsceno. ¿Quién eran estos señores tan religiosos y tan serios para decir que todos somos «malos»? Para mí la espiritualidad es alegría. Los días en que me levanto con el sol radiante en mi interior y puedo contagiar mi alegría me siento llena de amor por todo y sé que si hay algo espiritual es ese estado de amor que fluye desde mí y me hace sentir bien. La iglesia me hablaba de amor al prójimo pero con mis ojos de niña yo sólo veía seriedad y aprensión.

Más tarde, y gracias al budismo, pude comprender las metáforas del cristianismo. El sufrimiento de Jesucristo como un acto de amor total, equivalente a la práctica budista de «tomar y dar» (Ton Len). Con esta práctica se coge el sufrimiento del otro y se le ofrece nuestra paz. También veo en Jesucristo la enseñanza de la rendición que nos abre la puerta a la vida espiritual. La aceptación total de la vida a través de la entrega sin reservas de todo lo que la vida nos ofrece, incluido el sufrimiento. Pero una institución no es una enseñanza viva, si en algún sitio está la enseñanza del amor es en la vida cotidiana y en nuestro trato con los demás.

El amor es una experiencia que, si bien puede fraguarse en el silencio de la meditación, ha de ponerse en práctica con las personas. De nada sirve cantar mantras o rezar el rosario si luego somos incapaces de abrirnos a los demás con un mínimo de alegría, confianza y ternura. Ser religioso o espiritual es abrir tu corazón, ser generoso, paciente, alegre y sereno cuando te pones en contacto con el mundo.

Los lamas tibetanos siempre me cautivaron desde su profunda sencillez y sentido del humor. Sus risas sinceras y la profunda compasión con la que tratan a todos los seres por igual conecta totalmente con la idea que tengo en mi interior sobre lo divino. No todos podemos ni necesitamos aislarnos en retiro o ir a las montañas a meditar, pero todos podemos utilizar la vida cotidiana para hacer de ella una práctica espiritual perfecta.

La vida siempre nos trae allá donde estamos justo lo que necesitamos para despertar nuestro aletargado corazón: una relación conflictiva o un jefe exigente nos obligan a estar atentos y a seguir siendo compasivos. En cada encuentro puedes poner en práctica relacionarte con los demás con una ausencia total de juicios y partiendo de la idea de que en lo más profundo de cada uno se halla el bien, aunque a veces estemos distraídos con nuestras sombras. Imagínate el trabajo que puedes hacer cada día si sólo haces esto. Es tu responsabilidad que cada relación te aporte paz y alegría, que la vida no se convierta en un enmascaramiento de cosas que quieres mantener ocultas. Sino que tengas la valentía de reconocer y aceptar lo bueno y lo malo que hay en ti desde el conocimiento de que somos algo cambiante. En el fondo de ti mismo hay un dios/diosa y puedes identificarte con sus cualidades de bondad para transformar tu vida. Desde una perspectiva total eres una expresión de lo infinito en el mundo finito, un trocito de conciencia viviendo en un mundo de materia, un alma materializada en un cuerpo para vivir una experiencia que la impulse hacia nuevas formas de jugar con el infinito dentro de sí misma.

Empieza el día con calma mental

«La quietud es más poderosa que la agitación».

«Quien actúa apresuradamente,
pierde el dominio de sí mismo».
Tao Te Ching XXVI

Los tibetanos tienen una expresión que se llama *Penpa tang*, la cual significa ajustar nuestro humor para el día pasando unos minutos tranquilos por la mañana. Desde hace bastante tiempo empezar el día con unos minutos de silencio y reflexión es de vital importancia para mí. También es importante dormir las horas necesarias para estar descansado y que el periodo de silencio tenga éxito. Puedes comenzar el día abriendo las ventanas y mirando al sol naciente. Respira el fresco aire matinal, no hay nada más agradable que respirar la vitalidad que destila el frescor de la mañana. El comienzo de un nuevo día siempre va envuelto en una paz especial. Esto no te llevará más de cinco minutos, sólo has de estar muy presente y recibir al nuevo día dando las gracias por estar ahí sintiendo esas sensaciones. Me gusta disfrutar del silencio de la mañana, a esas horas es más fácil conectarse íntimamente con uno mismo. Suelo bajar en tren a mi trabajo en Barcelona y aprovecho ese rato para cerrar los ojos y conectarme con mi respiración. Después tomo el té o el café del desayuno sentada tranquilamente leyendo algún texto con sabias palabras, o aprovecho para escribir, pues a esa hora la parte racional de mi mente no está tan activa y las palabras me surgen de un lugar más profundo. Esos momentos de tranquilidad son un perfecto comienzo del día y le dan al resto de la jornada un tono de sosiego. A continuación tenemos que entregarnos a nuestra jornada laboral, a veces fastidiosa, pero si hemos empezado de forma tranquila el día se nos vuelve más grato, mejor aún si hemos tenido tiempo de hacer alguna práctica energética como el yoga o la meditación. Sería interesante mantener la calma mental durante todo el día ayudándonos de la respiración consciente para recuperar la atención.

Carpe diem. Haz que cada momento cuente

«Nos hemos perdido en el hacer, en el pensar, en el recordar, en el anticipar: estamos perdidos en un complejo laberinto, en un mundo de problemas».
ECKHART TOLLE,
El poder del ahora

Los momentos realmente vividos son aquellos en los que estábamos allí en cuerpo y alma. Hay trocitos de mi vida que han quedado gravados para siempre en mi cajita de los recuerdos felices: cuando era niña y vivíamos en Barcelona, cada año, después del invierno, volvíamos a Pineda de Mar con mi hermana y mis primos (por aquel entonces mis hermanos pequeños aún no habían nacido) a pasar el día en la playa. Ese primer día de verano en que volvía a ver el mar, el sol se reflejaba en el agua a causa del movimiento de las olas provocando mil destellos, entonces me invadía una sensación de gran felicidad que perdura hasta hoy. A veces pienso que tener siempre el mar al lado le roba al momento esa fascinación de lo nuevo, a pesar de que siempre lo disfruto. Ese momento de magia ocurría cada año desde que tenía unos cinco años e íbamos a pasar el día a la playa después de un largo invierno en la ciudad. Inmersa completamente en el momento, aún hoy recuerdo el olor a mar y a aceite bronceador de coco y zanahoria y el mono playero a rayas naranjas y amarillas que me encantaba porque lo relacionaba con la alegría de volver a ver el mar. Del mismo modo, aún veo con nitidez los colores y detalles de mi flotador de pececitos y resuena en mis oídos la música que sonaba en la radio: «Un rayo de sol» y «Eva María se fue buscando el sol en la playa» de los Diablos; estar tan ahí me permitía gozar al mil por mil de las sensaciones. En la inocencia de la niñez, cuando la mente aún no se ha adueñado de nosotros vivimos la alegría de estar vivos. Ahora, bastantes años después, vuelvo a despertar a sensaciones similares. Los años que pasé en mi mente no los considero perdidos porque me han llevado a un segundo despertar a la vida, esta vez habiendo abandonado la candidez de la infancia y acercándome a la lucidez de haber vivido, sufrido y comprendido. Los momentos disfrutados son los realmente vividos, si consigues estar ahí con los cinco sentidos podrás volver a despertar a la magia que había en la época de la inocencia con la ventaja que da tener además la experiencia. Cuando somos niños fluimos en el momento presente porque nuestra capacidad de análisis e interpretación aún no ha sido desarrollada. Después, esa misma capacidad nos lleva a vivir mucho más fuera que dentro de nuestra propia vida, es entonces cuando la vida misma nos enseña de nuevo el camino de regreso a nosotros. A veces comprendemos la necesidad de cambiar justo cuando ya estamos al borde del precipicio a punto de caer al vacío. Todos hemos oído decir que lo importante está en el momento presente, pero no sabemos cómo hacer para poder estar siempre presentes en el aquí y el ahora. Hace bastantes años tuve una experiencia de claridad y paz absoluta. Por aquel entonces, yo no me encontraba demasiado bien de salud y tenía una vida (es decir, una mente) muy estresante. Pero un buen día me levanté por la mañana flotando en un bienestar infinito. La noche anterior habíamos tenido invitados a cenar en casa y se había quedado todo por hacer. Entré en la cocina absolutamente atestada de objetos pringosos y me dispuse a trabajar en cada cosa sintiendo al hacerlo un placer y una paz indescriptibles. Era completamente dichosa y todo lo que hacía era un reflejo de ese gozo. No sé cuánto tiempo duró ese estado, pero debieron de ser al menos cuatro o cinco horas. Ese estado de gracia no se pasó de repente pero tampoco se quedó. Debieron pasar muchos años para que esa paz profunda volviese a mí de forma gradual. Cada vez que trabajaba en mí recuperaba un poco esa exquisita paz que sentí aquella mañana. Después leí en libros que lo que me ocurrió fue una apertura de conciencia. Es algo común. Pero más tarde ese estado de conciencia vuelve a cerrarse, pues sigue habiendo karma negativo que depurar. Las semillas siguen dando lugar a realidades estresantes hasta que todo el karma haya sido depurado. Otro buen día, años después, mi mente estaba tan agitada y mi vida se movía tan deprisa, que todo lo que quería era recuperar aquella paz que un día hallé dentro del caos. ¿Si aquel día lo logré por qué no puedo lograrlo cada día?, pensé. La clave era hacer de cada momento algo totalmente exclusivo, concentrarme sólo y profundamente en una tarea como si eso fuese lo más importante del mundo. Cada respiración es siempre la más importante, pues es la que nos está dando la vida ahora. Cada paso, cada cosa que nos toca hacer es la única que importa en este momento. Aquel día me propuse ganarle la batalla a mi mente desperdigada haciendo que cada momento contase, y no fue fácil, pero lo conseguí y finalmente pude recuperar la calma poniendo en práctica la actitud con qué viví aquellas horas de éxtasis en un día de conciencia clara. La tarea que tenemos por delante es conseguir una mente unificada y pacífica cada día, dándonos cuenta de que este momento es siempre el único que cuenta, porque, entre otras cosas, es el único que realmente existe.

Presta atención a los detalles

> *«Cada momento presente nos revela su propia tarea. El hombre grande, el sabio, hace las pequeñas cosas de una manera grandiosa, sin pensar que nada es demasiado trivial».*
> JAMES ALLEN,
> Los caminos de la felicidad

Muchas veces buscamos de forma muy sofisticada nuestra felicidad sin darnos cuenta de que lo que realmente despierta en nosotros la alegría de vivir es prestar atención a los detalles. El estado de alerta que se necesita para estar presente en las pequeñas cosas es la puerta por la cual entramos en el ahora. La dificultad está en que al prestar atención siempre se presentan pensamientos y emociones que nos distraen y nos arrastran hacia fuera del momento presente. Según James Allen es señal de debilidad hacer las pequeñas tareas de forma superficial y descuidada, lo correcto es realizar cada tarea como se presenta, sin posponerla ni lamentarse, alejando de la mente todo lo demás. Poner atención en los detalles puede transformar las tareas rutinarias y tediosas en algo que nos relaje y desestrese. Cualquier cosa que tengamos que hacer puede ser un soporte donde poner la atención. En un día cualquiera tendrás por delante un montón de cosas por hacer que estás deseando quitarte de encima. No pienses en todas a la vez, concéntrate sólo en una. Si escoges en primer lugar por ejemplo planchar, concéntrate en tu respiración, en el olor de la ropa al plancharla, en su tacto… Es decir, hazte consciente de los cinco sentidos que están interviniendo en cada acto que realizas. Aunque al principio nos parezca ir lentos, lograr hacer las cosas con atención nos vuelve eficaces, y si seguimos de esta forma acabaremos mucho antes que cuando vamos estresados. Lo prioritario es estar alerta, no acabar la tarea. Es fácilmente comprobable que la apatía y la tristeza son estados mentales que desaparecen por sí solos cuando ponemos plena atención en aquello que hacemos. Limpiar la casa, ordenar cajones, seleccionar y tirar objetos inservibles y todo tipo de cosas que ya no utilizamos, hacer la compra y colocar cada cosa en su sitio, ir al trabajo. Para poner en marcha nuestro objetivo de atención mental nos sirve cualquier actividad, aprovecha para escoger la que menos te guste hacer. Es una maravilla comprobar que a través de los cinco sentidos en cada momento podemos experimentar la vida. No somos conscientes de lo que significa poder vivir y gozar a través de los sentidos hasta que no perdemos uno de ellos. Ver la vida, sus mil colores, sabores y olores, tocar y sentir a través de nuestras manos la energía de las personas y el tacto de las cosas. Escuchar, vivir y sentir la música y los sonidos que nos gustan, y también, a través del silencio, ver cómo cada uno de estos sentidos se amplifica. La vida es maravillosa cuando estamos aquí sintiendo en cinco dimensiones. Recuerdo la película *City of Angels* (Brad Silberlinn, 1998), cuando Seth, un ángel llegado a la tierra interpretado por Nicolas Cage, después de recuperar su capacidad para sentir las cosas, se baña en el mar con un deleite totalmente nuevo. Despierta a la vida de una forma completamente diferente al haber estado antes incapacitado para percibir las cosas a través de los sentidos. La cotidianidad es todo lo que necesitamos para disfrutar «a tope», pero al contrario de la velocidad que suele implicar esa frase, disfrutar a tope es hacerlo lentamente, con plena atención, despiertos a todo, abriendo el corazón a los detalles más pequeñitos. En mis clases de meditación pregunto sobre los momentos en los cuales mis alumnos hayan experimentado lo sagrado en lo cotidiano, y me sorprende ver los maravillosos detalles en los que reparan a diario: el momento en que uno se reencuentra a sí mismo al ir a dormir, el tacto suave de las almohadas, el olor a sábanas limpias y la sensación de estar a punto de caer en un sueño profundo; ver la luz del sol entrar por una ventana mientras preparamos la comida para nuestros hijos; la sensación de despertar junto a nuestra pareja, notar el tacto de su piel y su olor, acariciarle la cara y ver el efecto de la luz filtrándose a través de una cortina, salir a la terraza de casa a contemplar el cielo tras un día de trabajo… Los novelistas en sus descripciones de espacios y personas nos llevan a vivir detalles de la vida que, cada vez más, debido a la velocidad a la que gira nuestro mundo, se nos vuelven huidizos. Nuestras mentes no pueden percibir lo que capta la mirada pausada del artista. Los directores de cine o la fotografía nos permiten captar en una expresión el alma de una persona. El cine nos transmite emociones y sensaciones de la vida diaria que se escabullen en la propia al no sabernos parar en las cosas. También la pintura nos transmite en sus matices de luces y sombras la sacralidad de la vida cotidiana. Observar el detalle plástico de una pintura, una expresión, un haz de luz, un trazo. Las pinceladas son una extensión del ser interior del artista, el pincel se mueve inspirado por el espíritu. El pintor, el director, el fotógrafo, el músico o el escritor captan el momento porque están inmersos en el acto creativo y nos hacen partícipes de su mundo sutil, lleno de emociones y pormenores que no se perciben a través de la mente estrecha y veloz con la que asiduamente contemplamos el mundo. Es el alma del artista lo que se manifiesta a través de su arte. La vida espiritual consiste en percibir ese alma oculta en todas las cosas, la vida en todas sus prolijidades. La mente del mundo se detiene cuando somos capaces de aterrizar en lo común. Nuestra alma se expande cuando dejamos atrás el tiempo y las palabras y nos sumergimos en las incontables finuras de cada instante. En este planeta Tierra aún existen gentes que viven fuera del tiempo y pueden apreciar esos vislumbres. Para que compruebes esto te dejo unos retazos de una entrevista realizada por el periodista Victor-M. Amela en «La Contra» de *La Vanguardia* (1/02/2007) a Moussa AG Assarid, un tuareg del desierto, que en el momento de esta entrevista estudiaba en Francia:

Victor: ¿De verdad es tan silencioso el desierto?
Moussa: Sí, estás a solas en aquel silencio, oyes el latido de tu propio corazón. No hay mejor lugar para hallarse a uno mismo. (…)
M.: A los siete años ya te dejan alejarte del campamento, para lo que te enseñan las cosas importantes: a olisquear el aire, escuchar, aguzar la vista, orientarte por el sol y las

estrellas… Y a dejarte llevar por el camello, si te pierdes: te llevará a donde hay agua.

V.: Saber eso es valioso, sin duda…

M.: Allí todo es simple y profundo. Hay muy pocas cosas, ¡y cada una tiene un enorme valor! Allí cada pequeña cosa proporciona felicidad: cada roce es valioso. ¡Sentimos una enorme alegría por el simple hecho de tocarnos, de estar juntos! Allí nadie sueña con llegar a ser, ¡porque cada uno ya es!

M.: (…) Lo que más añoro aquí es la leche de camella… y el fuego de leña. Y caminar descalzo sobre la arena cálida. Y las estrellas: allí las miramos cada noche, y cada estrella es distinta de otra, como es distinta cada cabra.

V.: (…) ¿Qué es lo que peor que os parece de aquí?

M.: Tenéis de todo, pero no os basta. Os quejáis. ¡En Francia se pasan la vida quejándose! Os encadenáis de por vida a un banco, y hay ansia de poseer, frenesí, prisa… En el desierto no hay atascos, ¿y sabe por qué? ¡porque allí nadie quiere adelantar a nadie!

V.: Reláteme un momento de felicidad intensa en su lejano desierto.

M.: Es cada día, dos horas antes de la puesta de sol: baja el calor, y el frío no ha llegado, y hombres y animales regresan lentamente al campamento y sus perfiles se recortan en un cielo rosa, azul, rojo, amarillo, verde… Es un momento mágico… entramos todos en la tienda y hervimos té. Sentados, en silencio, escuchamos el hervor… La calma nos invade a todos: los latidos del corazón se acompasan al pot-pot del hervor…

V.: Qué paz…

M.: Aquí tenéis el reloj… allí tenemos el tiempo.

Siente la vida

«Cada puesta de sol que ves nunca acontecerá otra vez.
Ni el cielo será nunca igual: las nubes, las olas, la marea,
todo sucede sólo una vez de esta forma singular».
DZOGCHEN PONLOP RIMPOCHÉ,
In the Face of Fear

Tengo un amiga que tiene un amigo muy tranquilo, tanto, que a veces mi amiga me comenta que parece que está muerto, que no siente ni padece, como se dice de forma coloquial. Pero la calma exterior no nos dice mucho, pues hay personas que parecen muy calmadas e interiormente son torbellinos, y personas que no se exaltan por nada, pero lo que les ocurre en realidad es que no se atreven a vivir. No creo que esa quietud aparente tenga nada que ver con la paz interior. La vida sentida en plenitud es una explosión de los sentidos. Un arco iris de emociones como la alegría y el placer de dar y compartir. El matiz que nos evita el sufrimiento por las emociones es sentir de forma desaferrada, sin quedarnos anclados en el dolor de los finales. El soltar que vacía la mente de pasado y futuro tiene que ver con no quedarse nunca enganchado. Con atrevernos a sentir la vida afrontando con valentía y aceptación el final de las cosas, y sabiendo que atreverse es arriesgarse a ganar o perder. En el presente todo está empezando de nuevo, siempre surgen nuevas oportunidades. Sentir la vida es dejar de interpretar y atreverse a vivir disfrutando lo bueno y aprendiendo de lo malo, percibir las emociones con una presencia absoluta dejando que cual olas rompan en la orilla y vuelvan de nuevo al océano. Conozco a gente que ha renunciado al amor por no sufrir, pero es imposible amar de verdad y sufrir. Se sufre por el apego (inconsciencia), no por el amor (conciencia). El amor es alegría de vivir. Sentir la vida es enamorarnos de nuestra cotidianidad, de un susurro del viento, de un gesto del alma, del olor a jazmín en noches de verano, de miradas cómplices, de la silenciosa belleza de un amanecer junto al mar… Sentir la vida es arriesgarse, darlo todo y sin embargo no perder nunca nuestra preciosa calma, pues es, junto con la ausencia de temor, la que mantiene abierta la puerta del paraíso. Sin miedo nos sentimos cómodos en nuestro lugar en el mundo, sin importar a donde la vida y el corazón nos lleve.

Da las gracias

«Los Auténticos me explicaron lo absurdo que a ellos les parecía que los misioneros insistieran en enseñar a sus hijos a juntar las manos y dedicar dos minutos a dar las gracias antes de las comidas. ¡Ellos se despiertan dando las gracias! Ellos no dan nunca nada por supuesto en todo el día».
MARLO MORGAN,
Las voces del desierto

«Con el solo hecho de aprender a agradecer es imposible que uno sea infeliz».
STELLA MARIS MARUSO,
Tanatóloga y especialista en psiconeuroinmunología

Mi padre acaba de cumplir setenta años y ese hecho me lleva a darme cuenta de repente de que el tiempo ha pasado veloz como un torbellino mientras estaba concentrada en la búsqueda de la verdad. Cuando estamos sumergidos en la indagación provocada por la insatisfacción no estamos instalados en la gratitud por la vida. Recientemente mi corazón y mis ojos han empezado a posarse en las cosas que siempre estuvieron ahí y que no podía ver pues la pesadumbre nublaba mi visión de lo real. Ahora, en un día cualquiera puedo percibir lo efímero y a la vez divino de lo que veo. Cuando esto empezó a ocurrir siempre me invadía la pena y lloraba. Me apenaba ver lo que había sido incapaz de ver en mis años de lucha interior y exterior: a mi hijo aún pequeño, a mis padres siempre tan atentos y cariñosos, a mi hermana, a mis hermanos, amigos… Todo lo material e inmaterial que me rodeaba era percibido a través de la mente insatisfecha que no ve y por tanto no puede sentir gratitud. ¡Qué pena me producía descubrir todo lo que me había perdido! Ahora, con cuarenta y pocos, veo en mi padre que el tiempo se nos escapa y que no somos capaces de detenerlo. La vida se te va si no estás dando las gracias, si no has conseguido pararte a apreciar lo que tienes, a vivirlo.

Abandona tus lamentos. Perdona

> *«El ser humano gana o pierde instantáneamente con cada pensamiento que piensa, con cada palabra que pronuncia, con cada acción que realiza, y con cada tarea en la que emplea sus manos y su corazón».*
> JAMES ALLEN,
> Los caminos de la felicidad

Cada uno de nosotros vive limitado por la oscuridad de su propia mente. Quien llega a encender la luz en su interior deja de ver sombras de forma instantánea. Pienso que el viaje es gradual, pero una vez que hay luz ya no hay sombras, esto es instantáneo y radical. Si estamos instalados en el lamento aún no hemos encendido la luz que nos deja al descubierto la simple verdad: que no hay nadie ahí, que nunca hubo nadie a quien perdonar ni nadie que necesite ser perdonado. El universo está en continuo movimiento hacia el equilibrio y la carga que llevamos a cuestas es el efecto acumulado de nuestros actos. Por eso la postura más sabia desde esta orilla de sombras es no sentirse ofendido por nada, no devolver el odio con más odio pues el que odia está expresando con la rabia su necesidad de ser amado, en primer lugar por él mismo. James Allen nos dice que lo correcto es vivir el bien de forma absoluta. Si alguien es malvado con nosotros eso no justifica nuestra propia maldad. Revierte en nuestro propio beneficio permanecer en calma ante los agresivos, devolver generosidad al codicioso y buenas palabras al que te insulta. La batalla del amor se gana perdonando al mundo después de comprender que éste es una pantalla que nos muestra de forma fidedigna lo que resultó de pensar, hablar y actuar en la forma en que lo hicimos. El amor triunfará si logras perdonar y hacerte responsable de todo lo que ves. Si lo ves, de alguna forma está en ti. Perdona al mundo y vuelve a mirar. La verdad resplandece sobre la ignorancia cuando estás dispuesto a encender la luz de la habitación antes de juzgar lo que hay en ella desde la oscuridad. El perdón limpia el alma de todo lo que pasó y nos convierte en capitanes de nuestro barco al comprender que lo que vemos fue creado por nosotros y que podemos utilizar ese mismo poder para crear un mundo más afable. Lamentarnos y enojarnos no nos aporta ningún tipo de beneficio, excepto convertirnos por un tiempo en el centro de atención. El perdón sincero, sin embargo, tiene infinitos beneficios, nos depura de rencores y deseos de venganza. Perdonar es una dulce derrota sobre nuestro ego orgulloso, una liberación. Pero es preciso que en el proceso de perdonar no caigas en culparte a ti mismo de todo, no se trata de eso, simplemente te das cuenta de que la oscuridad te tenía atrapado en un estado mental que no te permitía ver más lejos. Perdónate porque ahora sabes que no podías ver porque mirabas desde la oscuridad, y aunque eso no te exime de tus responsabilidades, te da un buen motivo para poder perdonarte. A partir de ahora práctica el perdón y verás que es como aplicar a tu alma un ungüento milagroso. Yo pasé mucho tiempo buscando culpables, creo que es un acto reflejo cuando vivimos en el dolor. Cuesta mucho sacudirse esta tendencia, pero empezar a pedir perdón y expresar nuestro amor es genuinamente el camino de la paz más exquisita. Si vives en conflicto con alguien pide perdón por el daño que puedas haber causado y perdónate por no haber tenido la visión correcta que te habría permitido actuar mejor. Esto tiene un efecto positivo incluso si lo haces mentalmente, sin expresarlo a la persona en cuestión. El perdón, la generosidad y la amabilidad son actos de luz que abren espacios de paz en tu mente. Vigila cuidadosamente tu mente y tus intenciones porque más adelante verás todo eso reflejado en el mundo, y entonces si eres suficientemente maduro no caerás en la trampa de buscar culpables. El verdadero poder nace de la toma de responsabilidad. El perdón es el primer paso hacia la madurez y la calma.

Quédate fuera del drama

«La práctica principal es detenerse y escuchar al corazón.
Es parecido a un instante de silencio cuáquero. Aunque no
pueda permanecer quieto, interiormente me detengo, me
salgo de los dramas, reconozco el dolor,
la agitación y el hecho de estar perdido.
Respiro y regreso. Con mi familia y mis discípulos,
intento volver a mi propio corazón antes de hablar».
MAESTRO SUFÍ

En los conflictos que tenemos con los demás a veces nos sentimos arrinconados, menospreciados y no valorados. Recientemente me ocurrió que me enfadé con alguien, me fui a dormir intranquila y al despertar me di cuenta de que tenía dos opciones: o entraba en el drama sintiéndome ofendida o decidía no hacer caso y no enfadarme. Sólo yo elegía. Y al despertar lo vi claro, no entraría en el drama. Qué más daba. Después de todo, si alguien nos demuestra que no somos importantes para él/ella su desprecio no es asunto nuestro. Demostramos el amor hacia nosotros mismos cuando nos basta con querernos. Curiosamente al decidir no entrar en el drama el conflicto se resolvió en las siguientes horas y dicho *drama* terminó. ¡Qué fácil! Identificarnos con una víctima es nuestro verdadero problema. Nuestra personalidad de sacrificado sabotea nuestra vida hasta límites que no imaginamos. El sufrimiento viene de creernos pensamientos que nos hacen sufrir por cosas que en el fondo ni son verdad. Darnos un espacio sin reaccionar a una provocación nos dejará ver que entrar en el drama es una opción. Dejamos de ser víctimas cuando empezamos a comprender quiénes somos y el valor que tenemos. Nadie merece nuestro sufrimiento, no carguemos a las personas con él. ¿Por qué sufrir porque alguien no nos quiera? Si obtenemos el amor de nosotros mismos ya nunca nadie nos podrá hacer sufrir, porque no toleraríamos tal comportamiento.

Vive el misterio

> *«La vida no es un problema para ser resuelto,*
> *es un misterio para ser vivido».*
> ANÓNIMO

> *«Según vamos adquiriendo conocimiento, las cosas no se*
> *hacen más comprensibles, sino más misteriosas».*
> ALBERT SCHWEITZER,
> músico, médico, filósofo y teólogo franco-alemán (1875-1965).

Cada día al despertar nos ponemos en seguida la careta de nuestra identificación, nos colocamos nuestro nombre, nuestro traje de la persona que creemos ser y salimos al mundo dispuestos a resolver problemas. Un cambio de disposición sería salir al mundo sabiendo que hoy puedo ser quien quiera ser, que puedo crearme momento a momento, decidir no meterme en los problemas de los demás, ni en los que yo me creo ni en los que se crean los demás. En lugar de pensar que las situaciones en las que me encuentro son problemas que hay que resolver, puedo ver que la vida es, más que un problema, un misterio que vivir. No saber puede ser fuente de incertidumbre y angustia o bien puede ser el motivo de nuestro asombro ante el milagro de existir. La vida es un problema porque nos empeñamos en verla como tal, nos creemos el centro del universo, pensamos que somos los únicos que podemos resolver las situaciones con nuestra acción. En realidad muy a menudo sucede al contrario, al actuar desde la falta de introspección empeoramos las situaciones y creamos aún más problemas. El Tao nos dice que al dejar que la vida fluya los problemas se van resolviendo solos. No te estoy exhortando a ser pasivo sino a vivir desde una disposición distinta; nuestros mal nombrados problemas se resuelven gracias a la calma mental, la observación, la actuación desde la reflexión y una mínima intervención. Cuando vamos por la vida resolviendo problemas pensamos que el control de las situaciones depende de nuestra acción y decisiones, pero no siempre es así. Tenemos que dejar un margen al misterio, pues es finalmente esa corriente misteriosa la que nos lleva en un pretendido azar hacia el próximo lugar en nuestra vida. A parte de nuestra propia intervención, una serie de coincidencias sin fin nos colocan ante situaciones y personas que jugarán papeles importantes en nuestra vida. Cada instante el milagro de todas las posibilidades se desarrolla ante nuestros ojos. La renuncia al control nos abre al misterio, a un mundo de infinitas oportunidades. Deja por un día de salir al mundo a resolver problemas, vive el misterio en cada aliento y ten fe en que tu mirada cambia el mundo. Cada parpadeo desde una cierta perspectiva puede traerte nuevos, diferentes y emocionantes mundos. Deja que tus problemas se resuelvan solos. ¿Qué ven tus ojos? Vuelve a mirar desde el no saber. ¿Qué ves ahora? En el fondo no podemos ni podremos saber, la gracia de esta vida es que por más vueltas que le demos es y seguirá siendo un misterio.

Incluye espacios de silencio en la comunicación

«A veces el silencio también es una opinión».
ANÓNIMO

«Existe un lenguaje que va más allá de las palabras.
PAULO COELHO

Dejar silencios en la comunicación no cambia la sustancia de la conversación pero sí la energía que se genera en ella. Los espacios de silencio son necesarios para entender lo que otro quiere explicarnos, de otra manera la comunicación se convierte en un monólogo en el que el que habla sólo se oye a sí mismo, no hay interacción ni verdadero intercambio. Hay relaciones que tienen la alquimia del fuego, en el buen y en el mal sentido. Personas a las que queremos mucho pero con las que nos cuesta entablar conversaciones calmadas. A mí me ocurre con mi madre, seguramente porque en muchas cosas somos muy parecidas. Soy la mayor de cuatro hermanos, dos hermanos y una hermana, quizás la que más ha absorbido su carácter en lo bueno y en lo malo. A veces la cercanía hace saltar las chispas. Son relaciones perfectas para practicar nuestras técnicas comunicativas. Lo que nos dicen las personas más cercanas nos irrita porque salen a la luz patrones del ego muy incrustados en nosotros. Querer tener razón no sirve para nada, lo único que nos indica es que estamos apegados a nuestro ego, a querer ser perfectos. Fallar, no tener razón, quizás sea el fin del ego, pero no el fin del mundo. Si tenemos delante a alguien que nos está ofendiendo o irritando, es mejor no culparle por cómo nos sentimos. Es adecuado pensar un tiempo sobre lo que nos han dicho, una semana o incluso un mes, comprobar si en ello hay algo de verdad o no y entonces si aún pensamos que la persona se equivoca sentarnos a hablar con ellos con calma delante de una taza de té. Empecemos por dejar hablar a nuestro interlocutor e intentar escucharle con atención para poder entender su mensaje. Si la tensión es muy fuerte, es mejor alejarnos un tiempo, media hora o un día… antes que dar una respuesta de la que podamos arrepentirnos. Dar espacio en la comunicación es permitir que el silencio nos deje ver la raíz de nuestros problemas. Si no le damos importancia al silencio en la comunicación, nuestras palabras surgirán de nuestra mente y la nuestra será una comunicación de conocimientos adquiridos, de frases hechas. Para poder escucharnos a nosotros y al otro y que la comunicación surja de la experiencia vivida, del corazón, los espacios de silencio han de ser al menos tan importantes como la palabra pronunciada.

Escucha con el corazón

> *«Sólo escuchándote puedo vivirte, y sólo viviéndote logro forjar mi propio camino. Háblame. Te escucho».*
> MOISÈS SALA,
> economista, músico, director y fundador
> de Gospel Viu-Gospel Sin Fronteras

Las personas que saben escuchar con el corazón demuestran una gran generosidad. La escucha es una experiencia que implica abandonar nuestro territorio, nuestra historia personal, y acercarnos a la experiencia del otro. Implica conectar con otro ser para compartir su vivencia, para acompañarle en su viaje de preocupación, dolor o sufrimiento. La escucha verdadera implica el olvido de uno mismo, el abandono de nuestros objetivos egoístas. Generalmente escuchamos para tener razón, para decir algo a continuación que reafirme nuestro ego y nuestra posición; en ese tipo de escucha el corazón no está presente. El corazón es paciente y no tiene objetivos ocultos; busca sólo comprender, aliviar el peso del escuchado, acompañarlo en su padecer. El corazón escucha sin hacer juicios y sin pretender aleccionar o aconsejar, de esta forma ayuda a las almas que se sienten desintegradas a recomponerse. Un corazón que escucha de forma sincera se acerca y puede tocar y sanar el corazón de la persona que es escuchada. El amor en forma de escucha es poderoso como lo es siempre el amor si es verdadero; no hay límites para el amor, éste puede llegar al fondo de los corazones más dormidos. Al prestarle atención al otro le tendemos un puente para que pueda reconectarse a la vida y a sí mismo. Tengo que agradecerle a la vida los oídos atentos y amorosos de mis amigas y amigos que me escucharon cuando realmente necesitaba ser escuchada; esas personas nunca me juzgaron en un momento en el cual lo más fácil hubiera sido hacerlo. Escuchar con el corazón implica aceptar a la persona tal y como es, verla en toda su dimensión, obviando sus defectos para llegar al fondo de su herida y comprender, con una escucha minuciosa que va más allá de las palabras, los motivos de la agresividad y frustración que se esconden tras un corazón herido. Escuchar con el corazón implica saber ver un corazón de bondad tras esos desengaños. Todos buscamos paz y bienestar, y en el camino a veces encontramos mil obstáculos que nos dejan varados en áridos sufrimientos de los cuales una escucha atenta puede rescatarnos. Este tipo de escucha fue para mí un bálsamo de sanación que me devolvió un sentido de pertenencia, un amor que me cohesionó y me ayudó a reinventarme, a resurgir. Si piensas que tu vida no es útil y quieres hacer algo por cambiarla, sal al mundo con la intención de escuchar desde el corazón. Ahí fuera, en este mundo de locura, la mayoría escucha todo el tiempo su propia canción; no hay espacio para el otro en un mundo sin tiempo. Al escoger entrar en la sintonía del otro escoges participar en su vida, compartirla, hacer su peso más liviano. Todos necesitamos ser escuchados y tenidos en cuenta. Por mucho tiempo que pase nunca podré agradecer de forma suficiente el amor que he sentido al ser escuchada de ese modo que me unió de nuevo a un mundo que sentía ajeno a mí. Esta forma de ser valorada me llevó de vuelta a mi propia valoración. Si realmente quieres hacer algo hoy, sal y escucha de verdad a alguien. Estarás dando amor y entrarás a formar parte de la vida de otra persona; quizás nunca llegues a ver el alcance de tu ayuda pero el amor siempre te vendrá de vuelta. Escuchar al otro es escucharte a ti mismo, la escucha del otro es también un camino para descubrir tu propio ser.

No eres el centro del universo

> *«Mientras un hombre siente que lo más importante del mundo es él mismo, no puede apreciar verdaderamente el mundo que lo rodea».*
> CARLOS CASTANEDA,
> Viaje a Ixtlán

La fórmula mágica para dejar atrás el sufrimiento y poder disfrutar de la vida existe, pero nadie parece prestarle atención: olvídate un poco de ti y preocúpate más de los demás. Desde la mente egoísta, el día comienza girando alrededor de nosotros y el resultado de nuestras acciones tiene un máximo beneficiario: nosotros. Los demás nos parecen poco interesantes si no pueden proporcionarnos compañía, placer o beneficio material. Sin embargo, encontramos rápidamente el beneficio que buscamos cuando nuestra intención última es beneficiar a los demás. Luchamos denodadamente día a día para procurarnos un poco de felicidad pero no captamos que la felicidad auténtica surge de nuestra generosidad, de alegrarnos genuinamente de las cosas buenas que les pasan a los demás. Si alguien es feliz todo serán beneficios, te tratarán amablemente y te transmitirán sus buenas energías. Sin embargo, las personas infelices sólo buscarán que tú también lo seas y estar al lado de ellas te contagiará de su aura miserable. El infeliz es una persona tóxica que inconscientemente busca sufrir o hacer sufrir, el contacto continuado con este tipo de personas te dejará sin energía. Ser genuinamente feliz te hace desear lo mismo para los demás; si secretamente prefieres que la gente te cuente sus problemas pregúntate por qué. Si el motivo es la envidia serás el primero en salir perjudicado, pues negarle algo a alguien es negártelo a ti mismo. Si queremos arrancar los problemas de raíz tenemos que dejar de lado esas actitudes que ponen por delante al «yo» o «lo mío».

Pequeños gestos para comenzar el día:

- Cuando cojas el coche por la mañana cede el paso a al menos tres personas. Piensa que todos tenemos prisas y obligaciones, no sólo tú.

- Si te encuentras con un dependiente o cualquier otra persona que te saluda con cara amarga, haz un esfuerzo por pensar que todos tenemos una vida llena de problemas por resolver y quizás esta persona atraviese graves problemas en estos momentos. Intenta ponerle buena cara, a pesar de todo. Quizás tu sonrisa le marque a él/ella la diferencia.

- Pregúntate si estás ayudando a los demás tanto como puedes y mira por dónde podrías echar un cable.

- Hoy hazte el propósito de escuchar los problemas de los demás, y sólo por hoy no expliques los tuyos.

- Vigila tu lenguaje. Tus palabras pueden ser fuente de alivio o de sufrimiento para los demás: intenta ceñirte a la verdad, no cotillees sobre otros (no te gustaría que la gente hablase de ti), no hables por hablar o por rellenar el silencio, habla de forma amable, en el tono y en las palabras, utiliza tus palabras para animar a los demás y ayudarles a darse cuenta de lo que valen.

- Hazles saber a tus amigos que estás ahí y que pueden contar contigo cuando te necesiten.

- Intenta no enfadarte si te han agraviado. Tú también lo has hecho otras veces en el pasado.

- Sonríe. Una sonrisa de un desconocido te puede cambiar la energía. No cuesta nada sonreír y sus efectos son poderosos. Es fácil caer bien a la gente si sonríes amablemente y es fácil cerrarte las puertas si pones a la vida una cara larga.

- Da las gracias por las pequeñas cosas cotidianas. No des nada por supuesto. Detrás de cada persona que te presta un servicio hay un esfuerzo, agradécelo.

- Sé amable con los demás.

No existe semilla más poderosa que hacer las cosas pensando en el bienestar de los demás, en su beneficio. Esto rompe la mente estrecha del egoísmo, con más fuerza que ninguna otra cosa.

Despejar lo que se ve

«En definitiva, soltar, vaciar, hacer limpieza, quitar aquello que nos sobra o nos incomoda no es sólo necesario, sino que además puede suponer un extraordinario placer y una acción que genere un cambio significativo en nuestra vida».
ÁLEX ROVIRA,
La buena vida

Todas nuestras posesiones ocupan no sólo un espacio físico en nuestra vida sino también un lugar en nuestra mente. El hecho de pensar en ellas demuestra que también ocupan un lugar dentro de nuestro universo mental. Los objetos están cargados emocionalmente, cada objeto lleva asociado a él unos contenidos, unos recuerdos, que están en nuestra cabeza y que nos dan o quitan energía. Cada vez que compramos una cosa le hacemos un sitio en el armario de casa pero también llena un espacio en nuestra mente. Todas las cosas inútiles que tenemos están ocupando un sitio precioso en nuestra mente y en nuestro espacio vital y nos están impidiendo sentirnos en paz. Tener el espacio que habitamos limpio y ordenado produce un efecto sobre nuestro sistema nervioso y estado mental. El desorden interior implica desorden exterior y viceversa. El orden en nuestra vida puede bien empezar al ordenar nuestro espacio inmediato, desprendiéndonos de las cosas superfluas: ropa, zapatos y utensilios que no utilicemos y que no sean realmente necesarios. Luego podemos hacer lo mismo con el resto de nuestra casa. El orden alrededor nos aporta tranquilidad. Una vida llena de cosas y actividades inútiles va mermando nuestra energía. Viajar livianos es fundamental para sentirnos bien, una mochila pesada vuelve el viaje pesado y dificultoso. Haciendo el Camino de Santiago me di cuenta de la diferencia que supone poner cien gramos de más en la mochila a medida que avanzamos en el camino. Al avanzar por el camino de la vida ocurre algo similar. Caminar ligeros de equipaje nos da la energía para disfrutar del sendero de la vida y nos evita dolores innecesarios. En la vida tenemos que viajar con las cosas necesarias y útiles, y al adquirir cosas nuevas deshacernos de lo viejo. Una limpieza a fondo de nuestra vida nos deja más espacio para vivir: muebles viejos, ropa, objetos inútiles… Por otra parte, también las actividades que hacemos de forma inatenta y rápida son prescindibles pues no nos aportan gran cosa. Si no tenemos tiempo de hacer algo bien, mejor no hacerlo. En lugar de quedar con mucha gente de forma rápida y superficial, nos hará sentir mejor quedar sólo con las personas que de verdad nos hacen sentir bien y con las que tenemos algo positivo que compartir. Disfruta con la gente que te inspire, te eleve y te ayude a mantener vivos tus sueños. También puedes evitar los contenidos televisivos o de prensa que son agresivos o soeces, los cotilleos y las cuestiones triviales, la gente que se dedica a hacer críticas destructivas y dañar a otros mediante la calumnia. Y reducir los estímulos externos e innecesarios como la música estridente y las voces chillonas e irrespetuosas, la información excesiva, los juicios, la comida excesiva y en general los excesos de todo tipo. Todo eso nos deja un espacio en la vida que la vuelve más alegre y pacífica. La clave es hacer menos más conscientemente y disfrutando de ello. El silencio también es más beneficioso que las conversaciones triviales, que no benefician a nadie; si no hace falta decir algo, no lo digas. A menudo decimos algo negativo sobre alguien a pesar de no estar totalmente seguros de la veracidad de lo que decimos. Esto es algo muy dañino, ni siquiera estando seguros de estar en posesión de la verdad debemos calumniar a alguien pues podemos causar un gran sufrimiento y, ¿quiénes somos nosotros para juzgar a nadie? En cuanto a las relaciones, podemos escoger las que nos aportan algo bueno, la gente que nos aprecia y con la cual pasamos tiempo de calidad. Una persona que no sabe apreciar el valor de nuestra presencia y que tiene comportamientos abusivos o de desprecio hacia nosotros ocupa un lugar innecesario en nuestra vida. Romper ese tipo de lazos nos va a liberar y podremos hacerle espacio a relaciones más positivas y constructivas con personas con las cuales podemos expresarnos como somos, sin tener que esforzarnos en ser diferentes para ser aceptados. Elige compartir tu tiempo con personas con las cuales puedas ser tú mismo y expresarte plenamente como eres. Si no encuentras gente así en estos momentos piensa que la relación más importante es la que tienes contigo mismo y que un tiempo en soledad nos ayuda a mejorar las relaciones con los demás, si sabemos aprovecharlo. Las personas que nos ignoran, nos tratan o nos hablan mal no deben ser tenidas en cuenta, simplemente no les des un espacio en tu vida ni en tu mente y acabarán por irse de tu lado. Es mejor no defenderse de los ataques e ignorar a quien los lanza. Nuestro tiempo es demasiado valioso para gastarlo defendiéndonos de cualquier persona que tenga a bien meterse con nosotros. Haz una aclaración si lo crees necesario, pero sin intención de quedar por encima de nadie. No contraataques, la agresividad daña en primer lugar al agresivo. Tampoco te arrodilles para que te pisen las espaldas, camina recto, dignamente pero sin orgullo, con la sana convicción de que eres alguien valioso y de que mereces ser bien tratado.

La depuración interior

«Deshazte de la basura, mantente limpio, ponte en marcha, disfruta de la vida».
YOGUI BHAJAN,
yogui y maestro espiritual

Para tener una mente clara es importante tener el cuerpo ligero y limpio. Un cuerpo lleno de toxinas nos hace sentir mal y faltos de armonía. Limpiar el hígado y los órganos internos deja libre el camino para que la energía vital o prana nos llene por dentro. Una depuración periódica es un método infalible para recuperar y mejorar la salud. El hígado es el órgano que limpia nuestra sangre, entre otras muchas funciones vitales. Un exceso de alimentos ácidos y de medicamentos, el alcohol, el café, el tabaco, las comidas grasas, la carne y las emociones dañinas, especialmente la ira, pueden alterar su equilibrio. El ayuno terapéutico nos proporciona además de salud una profunda experiencia espiritual. Un tiempo de ayuno nos ayuda a llegar a un estado de paz profunda, ya que permitimos descansar a todos nuestros órganos internos, lo cual pacifica nuestro cuerpo desde lo más profundo. En mi experiencia personal, haciendo la cura de sirope de savia he podido sanarme físicamente y tener experiencias de profunda paz; recuerdo sentir una simple brisa en el aire como una experiencia totalmente extraordinaria. Es además una forma de renovarnos, pues nuestra creatividad culinaria revive y se recupera el sabor de los alimentos más sencillos; tras una depuración a fondo un simple tomate nos sabe a plato de cinco estrellas; el cuerpo nos pide cosas sanas y naturales, y durante un tiempo todo sabe mucho mejor. Además, después de un tiempo sin comida ésta se valora mucho más. A mí me ocurre que, además de recuperar el placer por comer y cocinar, renuevo completamente mi recetario de cocina. En mi libro «Conquista tu felicidad» ya expliqué algunas técnicas depurativas. Es muy importante además de seguir una dieta alcalinizante, hacer ejercicio suave como el yoga, meditar y respirar profunda y conscientemente para mover la energía corporal y ayudarnos en el proceso de depuración interior. Ayúdate también con una buena hidratación, bebiendo agua tibia o infusiones y comiendo alimentos como la verdura y la fruta fresca. Y sobre todo, ante cualquier tipo de dieta consulta a tu médico sobre tu salud y la conveniencia o no de hacer cualquier tipo de depuración.

Meditar y estar en silencio

«Cuando todos los días resultan iguales es porque el hombre ha dejado de percibir las cosas buenas que surgen en su vida cada vez que el sol cruza el cielo».
PAULO COELHO

Si la vida te resulta caótica es necesario que te pares a reflexionar sobre la naturaleza del caos. Es tu mente quien está produciendo el caos que está por todas partes. Al meditar, el caos va cediendo porque meditando creamos un espacio de perspectiva que nos permite empezar a ver la fantasía irreal del ego creador. Nuestra alma no está contaminada por esa fantasía, sino que es intrínsecamente positiva y lúcida. Al meditar es importante no tener expectativas; una alumna me dijo una vez que llevaba dos años meditando y que no había conseguido prácticamente nada, me pareció que en la idea de *conseguir* radicaba el error. A mí me funciona sentarme a meditar como si me sentase en el sofá a ver una película. Es un rato para descansar y relajarme. Cero expectativas, poder meditar es ya una recompensa en sí. Siéntate cada día a descansar en el silencio de la meditación o si lo prefieres a mirar el mar, el cielo o los árboles. En ese espacio de silencio lo único que tienes que hacer es ser consciente de lo que se manifiesta en tu conciencia: si es una energía negra, es negra, si es serena, es serena. Sin interpretar. Sin rechazar. Sin aferrarte. La energía de tu ser es la que está detrás de cualquier cosa que se manifieste, para sentirla sólo hay que ver sin juzgar. Al dejar los juicios se produce un desapego que te permite sentir lo que eres. La meditación y el silencio son espacio, la esencia del espacio. A cualquier problema que tengamos le hemos de dar espacio si queremos solucionarlo. La forma natural de crear espacio y volver a un estado natural de amorosa armonía es ser el espacio mismo. En medio de una discusión acalorada, silénciate. Espera a dar tu punto de vista cuando estés más calmado. Hablar estando dominado por emociones dañinas es siempre perjudicial. El silencio es a menudo la mejor opción. Las palabras que pronunciemos tras el silencio tendrán más fuerza y credibilidad. Da prioridad cada día a estar un rato contigo mismo, creando un espacio de luz, de paz, de tranquilidad. Así como las energías distorsionadas de la agresividad se contagian, la luz y la alegría también. Sólo podemos salir al mundo a expandir luz si nosotros mismos somos luz.

*«Si conoces el Amor,
conoces también el Alma del Mundo,
que está hecha de Amor».*
PAULO COELHO,
El alquimista

El poder del amor

«Ama y haz lo que quieras».
Tácito,
historiador romano

«La medida del amor es amar sin medida».
San Agustín

Le hemos puesto muchos nombres, pero todo tiene el mismo sabor: amor, libertad, alegría, paz, plenitud. Utilizamos todos estos conceptos para definir algo que está más allá de las definiciones, pero que es lo único real. Es un sentir, un estar, un ser, un encontrarse. Es, en definitiva, haberse encontrado a uno mismo, ya que es ahí, en el fondo del alma, donde se encuentran esos estados. Sortear todos los obstáculos y vencer a todos los dragones nos hace al fin libres de todas las ataduras. Encontrar nuestro espacio, ser consciencia desnuda es haber llegado al amor, un estado de alegría y libertad. El poder del amor es infinito, cruza todas las barreras de la ignorancia, la oscuridad y el egoísmo. En el tapiz de la existencia todos los seres humanos estamos unidos por hilos invisibles. Cada persona que llega a tu vida está unida a ti por esos hilos invisibles, si le amas también hacia ti fluirá la energía del amor. Si le dañas también tú te dañarás. La comunicación es total y directa. Puedes seguir a ciegas haciendo daño, siendo descuidado y negligente, pero no puedes librarte de las consecuencias de actuar de esa manera. A las personas de las que hablaré a continuación un instante de conciencia les mostró que no puede haber nada más importante que amar. Una vez has llegado al amor ya no puedes evitar amar, como la flor no puede dejar de dar su perfume o el agua no puede dejar de manar de la montaña. Amas porque te amas, no percibes ninguna separación entre tú y el mundo. Lo más bonito que me ha ofrecido mi trabajo de traductora en un hospital son los instantes de amor auténtico de los que he tenido el privilegio de ser testigo. En los momentos claves, en los pasillos entre la vida y la muerte he visto momentos de amor real que movieron los hilos del tapiz para dibujar una sonrisa en mi corazón. Paulo Coelho nos dice en *A orillas del río Piedra me senté y lloré* que no es necesario hablar del amor, porque el amor tiene su propia voz y habla por sí mismo. En este pequeño collage de reflexiones e historias he intentado mostrar el poder transformador del amor. No fallaremos si en cada momento optamos por el amor, no existe ninguna fuerza más grande.

El espíritu de la Navidad: el valor de lo auténtico

«La posibilidad de realizar un sueño es lo que hace
que la vida sea interesante».
PAULO COELHO

La Navidad es la época de recordar la infancia y los tiempos pasados. Se dice que es *para los niños* porque, en efecto, ellos aún conservan intacta su capacidad para soñar e ilusionarse. Después, la vida nos somete a duras pérdidas de las cuales a veces nos resulta difícil recuperarnos. Las ilusiones se van muriendo y los sueños se desvanecen. Y sin ilusión la vida pierde la luz y la sal. En esa tesitura, los días navideños en los que los sueños se vuelven importantes no nos dicen nada. La Navidad nos recuerda entonces que un día tuvimos sueños e ilusiones y que quizás personas que eran importantes ya no están. Pero es importante no dejar nunca de soñar. Si somos capaces de seguir creyendo en nuestros sueños la vida siempre tendrá la capacidad de transformarse. Mantener vivo al niño que hay en nosotros es lo que mantiene viva la alegría de vivir. La Navidad es además el retorno a las raíces, al amor más auténtico simbolizado por el cariño maternal, el vínculo amoroso más poderoso. Nuestros padres terrenales simbolizan el amor incondicional que nos profesa el universo. Están ahí para regalarnos la fe en la vida, un amor que nos trae un mensaje de confianza, pues algo nos sostiene, nos alimenta y nos alienta. Si por alguna razón no fue así, quizás las personas que te cuidaron habían perdido la conexión con ellos mismos. En general, el de padres e hijos es un vínculo que no conoce fronteras, una comunicación que desafía las leyes del espacio-tiempo y que a veces va más allá de esta vida. Sean como sean hoy tus circunstancias el motivo de celebración nunca debería perderse pues el amor que te dieron y que diste nunca muere, sino que vive por siempre en el corazón del que lo recibió. Podemos dedicarnos a hacer crecer en nuestros hijos la fuerza de la fe y animarles para que se atrevan a soñar una vida en grande. Sin embargo, en una sociedad que vive egoístamente, desconectada de los valores auténticos, la Navidad pierde su espíritu original y se convierte en una orgía consumista que nos lanza de vuelta al abismo de un corazón que se encuentra solo; la Navidad se convierte entonces para muchos en un suplicio.

También es ésta la época del año de compartir en familia, cada unidad familiar es un mundo. Los amigos se eligen, pero la familia está ahí y estamos condenados a entendernos y a solucionar los conflictos que en ella se generan. Nuestra familia es nuestra historia, el reflejo más cercano de lo que pensamos sobre nosotros. Hasta que no amemos sin condiciones a nuestra familia no podremos sentir un amor profundo por nuestro ser. El trabajo personal que hay que hacer con ellos es muy importante. A través de los años vivimos momentos buenos y otros de choques y enfrentamientos. En la vida encontramos el sentido de las cosas cuando somos auténticos, cuando compartimos desde el corazón. Poder ser tu mismo con alguien, poder expresarte, que te escuchen, que te entiendan, sentirse valorado es lo que nos integra en el cuadro de nuestra vida y nos hace sentir que tenemos un lugar. Pero a veces en esta época de reencuentros nos damos cuenta de la gran distancia que nos separa de algunas personas que por parentesco nos son cercanas. Eso significa que nuestro trabajo con ellos no está acabado. Hay que superar viejas rencillas y abrir nuestro corazón. Ellos no siempre estarán ahí. El día de mañana no está garantizado para nadie. Las navidades muchas veces nos dejan impasibles porque las dejamos pasar sin atrevernos a dar un paso hacia la autenticidad, hacia el compartir desde el corazón. Nos quedamos en un dar superficial, regalándonos cosas materiales como forma de expresar un cariño que no sabemos dar de otra manera. Un regalo material debe estar respaldado por algo más, de lo contrario sólo nos dejará un vacío. El regalo es un símbolo del cariño no un fin en sí mismo. Lo verdaderamente importante es nuestro tiempo, nuestra atención y nuestro cariño. Si alguien te quiere es lo que más desea de ti. Si aún estás a tiempo, aprovecha la Navidad para regalar tu autenticidad. Date a ti mismo, comparte. Algún día los que hoy están ya no estarán. No esperes a ver que también tenían cualidades positivas y que estar junto a ellos cambió tu vida. No esperes a mañana, vive hoy. Abre tu corazón hoy a las personas que te importan, escúchales, entiéndeles, valórales y diles lo mucho que significan para ti. Olvida las pequeñas desavenencias y vuelve a compartir desde tu verdad. El día de hoy siempre es un regalo. Es casi un deber disfrutarlo y vivirlo al máximo. El ahora es algo sagrado.

Mi amigo el médico

> *«El sabio es sabio porque ama. El loco es loco porque piensa que puede entender el amor».*
> PAULO COELHO

Es un tipo tranquilo, en apariencia. Un oncólogo de prestigio que trabaja en varios sitios a la vez, en la práctica médica, además de en investigación. Supongo que lo hace en parte por dinero y en parte por prestigio. Cuando me lo encontré estaba muy agobiado. Estaba en el aeropuerto, respondiendo e-mails en su Blackberry y me explicaba que su matrimonio estaba a punto de fracasar porque no tenía tiempo para su familia. Estaba satisfecho laboralmente porque se ganaba muy bien la vida, pero su vida personal hacía aguas y él era la viva imagen de una mente en la que no cabía ni una sola gota más de té. Bueno, la taza ya hacía tiempo que rebosaba. Lo que me pareció increíble era que una persona que trabajaba todo el día con pacientes que se enfrentaban a la muerte no consiguiera darse cuenta de la futilidad de su propia vida. ¿Qué más necesitaba para darse cuenta de que si un día su mujer y sus hijos se marchaban de su vida su prestigioso currículum no conseguiría calentarle el corazón? ¿Qué queda en la vida si no hay amor? Nada sustancial. En este caso él tenía la oportunidad de poner en práctica su amor y compasión con sus pacientes, aunque no siempre que la vida nos ofrece esta oportunidad sabemos aprovecharla. La vida transcurre para muchas personas en un estado de anestesia permanente. Tengo una amiga que dice que hay gente que es feliz así. Pero pienso que vivir insensibilizado es más una felicidad aparente que auténtica. Otro buen amigo, incapaz de comprometerse en las relaciones de pareja, comparte conmigo su inquietud porque no se da permiso a sí mismo para sentir amor. Me dice que quizás estar solo sea su destino. Incapaz de abrirse, encerrado en su caparazón, le asusta más darse al otro que estar solo. De nuevo se me planteaba la pregunta: ¿si el amor no fluye, la vida es plena? En estos dos casos la vida es, pero no se siente. Hacemos el amor con la vida a través de la barrera protectora del ego. Y, simplemente, no es lo mismo. Con amor la vida es sentida, sin él hay una capa defensiva que, si bien nos protege del sufrimiento, no nos deja sentir la esencia de las cosas. Sentir el amor es sentir lo que somos, nuestra energía más auténtica. Pero eso sólo ocurre al darnos al otro. El amor máximo se siente en la entrega máxima. Si no nos entregamos no hay amor. En la vida tienes lo que das, ni más ni menos. Podemos hacer análisis de conciencia. ¿Podemos sentir o nos ponemos barreras? ¿Nos da miedo dejar de controlar? ¿Qué tipo de miedo nos está impidiendo sentir el amor? ¿Qué tipo de barreras nos impiden sentir la vida en profundidad? Dejemos el miedo a un lado, abramos las compuertas a la amistad sin trabas, al compartir desde la honestidad y la verdad. Sé quién eres. Muéstrate genuinamente y comparte tu ser y tu esencia. Los demás notarán que te comunicas desde la autenticidad y valorarán mucho más la relación contigo. Deja que el sol que brilla en tu corazón se expanda hacia afuera en todas las direcciones. Verás que el poder del amor no tiene límites. Sé amor y compruébalo.

El fenómeno de la solidaridad. El espíritu del 11-M

«Un hombre tiene que tener siempre el nivel de la dignidad por encima del nivel del miedo».
EDUARDO CHILLIDA,
escultor y grabador español

En tiempos recientes hemos tenido que sufrir horrorosos atentados como el del 11-S en N.Y, el 11-M en Madrid y el 7-J en Londres, entre muchísimos más en todo el mundo no menos horrendos que se suceden cada día. La muerte sin sentido de una sola persona ya es algo abominable. Pero todas las cosas de este mundo tienen dos caras e incluso estos hechos desoladores pueden llegar a tener una cara amable. Héroes anónimos que arriesgan su vida por otros, que hacen lo imposible por auxiliar y consolar a los que sufren. Me conmueve mucho leer esas historias y comprobar que, aunque escondida, la compasión está dentro de todos nosotros esperando algo que la haga aflorar. Es como si el alma, escondida tras capas de falsedad, despertara de golpe por el horror. Innumerables historias, como las de los bomberos de N.Y y muchas otras de personas anónimas que se desvivieron por auxiliar en momentos tan tremendos nos demuestran que nos une algo llamado amor, que está en el fondo de todos nosotros y es lo más valioso que poseemos. La globalización nos permite estar conectados con el mundo para bien y para mal. En cualquier catástrofe mundial, la gente se moviliza para ayudar. ¿Qué ocurriría si esa bondad se quedase activada? ¿Qué ocurriría si actuásemos así aun no estando en medio de una situación traumática? ¿Cómo cambiaría eso el mundo? Aún recuerdo las contundentes palabras de Pilar Manjón, la madre de Daniel Paz Manjón, un chaval de veinte años asesinado en el atentado del 11-M en el 2004. Sus palabras pronunciadas en la comisión de investigación del atentado del 11-M en Madrid captaron la atención de todos los políticos presentes en la sala, que la escuchaban, algunos avergonzados, y otros con lágrimas en los ojos. Aquello era algo inaudito. La fuerza absolutamente irrefrenable y la convicción de sus palabras se originaban en el hecho de que ella hablaba desde su corazón, desde su más pura verdad. Y con eso consiguió derribar por unos momentos los muros de la falsedad política. No duró mucho, es cierto, a los pocos días ya le llovían críticas por todos lados. Así es el otro polo del poder, el ego no conoce sentimentalismos. Pero durante aquel discurso Manjón consiguió llegar más allá de la frialdad de los corazones amurallados de algunos políticos. Con su frase «¿De qué se ríen su señorías?» dejaba en evidencia a los políticos, que con su comportamiento estaban olvidando la gravedad de lo que había pasado y subrayaba la importancia de las vidas que se habían ido por la irracionalidad y el sinsentido. Manjón era la digna voz del dolor profundo de una madre por un hijo, no exenta de cordura y firmeza. Su voz y su semblante captaron la atención porque quien hablaba era la conciencia desnuda y dolorida no dispuesta a permitir ni un menosprecio más. Desde un lugar profundo de su corazón llegó al de todos los que estaban en la sala y los que la veíamos en la tele. Y es que todos sin excepción tenemos ese corazón puro. Es en los momentos de mayor espanto cuando esta verdad se nos muestra con claridad. Recordemos también, por ejemplo, los miles de personas con manos blancas en toda España que salieron a la calle a rogar por la vida del secuestrado por ETA en Julio de 1997, Miguel Ángel Blanco, un hecho que no se olvidará fácilmente. Todo un país moviéndose para salvar la vida de una persona. Pero no pudo ser. El terror tampoco conoce límites. No debemos esperar a que ocurran hechos tan terribles para mostrarnos en toda nuestra grandeza. También esa grandeza de corazón puede mostrarse en pequeños gestos de la vida cotidiana. Cada instante es un momento en que podemos mostrar nuestro fondo más cordial al mundo.

La revolución silenciosa de Vicente Ferrer

«El que no vive para servir, no sirve para vivir».
MADRE TERESA DE CALCUTA,
misionera yugoslava nacionalizada india

Un alma grande, que vino a este mundo para ser un representante del *ejército del bien*, como él mismo lo llamaba. El mal existe y hay seres que lo encarnan. Vicente Ferrer vino para poner un contrapunto y darnos a conocer que es posible seguir el camino de la bondad radical, de la entrega a los demás y del amor auténtico. En medio del bien y del mal cada día luchamos por decantarnos por uno u otro en cada uno de nuestros actos y decisiones. Vicente Ferrer es un referente y un ejemplo de lo que es posible conseguir empleando la fuerza de la fe y la esperanza. Él incluyó a todos en su corazón, en especial a los que nadie quería: a los descastados, a los discapacitados y a los más pobres. Con un corazón extremadamente generoso y una fe inquebrantable en la providencia realizó un milagro que puede ver cualquier persona que hoy acuda a la India, a Anantapur, uno de los distritos más pobres de Andra Pradesh: la transformación de un desierto en terreno fértil. Vicente devolvió la dignidad a personas que habían sido desposeídas del derecho a las necesidades más básicas de alimentos, agua, salud y educación. Vicente Ferrer es oriundo de Calella, un pueblo de la costa catalana el cual convertí en lugar de trabajo y residencia hace ya más de veinte años. Ahí monté un pequeño negocio y a través de él conocí a la familia de Vicente. Un día, estando él de visita en Calella, su familia vino a buscarme para que lo conociese, pues sabían la devoción que yo le profesaba. Aquel día yo no estaba en casa y no pudo ser, pero me basta saber que un hombre como él existió y nos enseñó donde está el camino. Nos sirvió de ejemplo del Amor poderoso y transformador, de humildad y sencillez no exentas de una firmeza implacable de acción práctica. Un amor que nunca morirá en los corazones de los dos millones y medio de personas a los que ayudó directamente y a los que sacó de la miseria absoluta. Y que tampoco morirá en el corazón de todos los que nos emocionamos al ver el fruto de ese amor tan grande. Todos nosotros ya le hemos concedido el premio Nobel de la paz.

Pequeñas historias del corazón

A pesar del título, todas las historias que aquí destaco son grandes historias, porque retratan a personas cuyo gran corazón incluye a los demás y se extiende más allá de los límites de la mente egocéntrica, ejemplos que nos pueden servir como faro en un mundo oscurecido por la codicia y el egoísmo.

Guerras

«Es cuando puedes mirar el rostro de cualquier hombre o mujer y comprender que son tu hermano o hermana. Hasta entonces, sigue siendo de noche».
DICHO DE UN VIEJO RABINO HASÍDICO

«La cima es saber someter al enemigo sin combatir».
SUN TZÚ

La historia de Jo Berry y Pat Magee (aparecida en Diario Público, sábado 19 de junio de 2010)

Ésta es una historia sobre el poder del perdón. Éste, cual fiel mayordomo, abre la puerta al verdadero amor. Extraída de un artículo firmado por el periodista Amador Fernández-Savater, del magazine *Diario Publico*, nos habla de llegar a la reconciliación y la paz a través del diálogo. Pat Magee pasó 13 años en prisión por asesinar a Antony Berry, miembro *tory* del Parlamento británico, asesinado por el IRA en el atentado del Gran Hotel de Brighton de 1984. Jo Berry es hija de Antony Berry. Una noche en Londres volviendo a casa en autobús se encontró con un joven que venía de Belfast y le contó que su hermano había muerto a manos de soldados británicos. Entonces vio claro que tenía que hacer algo para transformar su dolor y poner fin al sinsentido de la violencia y la venganza. Jo quiso escuchar lo que llevó a Pat a asesinar a su padre. Pat en un principio estaba a la defensiva, pero la disponibilidad de Jo y el querer conocer su historia le desarmó. De ahí nació una exploración conjunta de diez años. Desde entonces, exponen juntos en público su experiencia en primera persona de esta historia de dolor y perdón. Según el periodista que firma el artículo, juntos transmiten una extraña alegría y la grandísima fuerza de una vulnerabilidad compartida. Jo Berry quería conocer en profundidad y comprendió que, de haber vivido una vida como la de Pat, quizás ella misma habría hecho sus mismas elecciones. Verlo como un ser humano le llevó a comprender con claridad que no había nada que perdonar. Pat, por su parte, afirma que él vivía ciego y que gracias a conocer a Jo y a otras víctimas pudo ampliar su visión. Para finalizar esta historia de transformación del dolor en paz transcribo las palabras de Pat Magee y de Jo Berry, que nos hablan del amor que surge de una comprensión de la realidad, más allá de los juicios rápidos de una mente limitada por su propia ignorancia:

> Pat Maggee: «La sensibilidad, la capacidad de escucha, la inteligencia... Veo todos esos dones en Jo y ahora pienso que provienen de su padre, eso lo hace todo más duro. Encuentro muy difícil estar junto a Jo, pero sé que he de hacerlo. Poco a poco las fronteras entre nosotros se desdibujan, nos redescubrimos, pensamos juntos sobre el pasado y aprendemos de él, entendemos mejor la

medida de la pérdida, tenemos una mayor comprensión del otro. Me siento muy honrado por la confianza de Jo durante todos estos años, teniendo en cuenta que yo maté a su padre».

Jo Berry: «Para mí los encuentros merecen la pena, ensanchan mi humanidad. Ahora hay más alegría en mi vida, más conexión profunda con el mundo. No hay muchos hombres del IRA como Pat, capaces de escuchar a las víctimas. Él encontró la fuerza para hacerse vulnerable».

Amistad entre judíos y palestinos

> *«El Dios que gobierna los corazones de los árabes es el mismo que gobierna los corazones judíos».*
> MAHATMA GANDHI,
> 1938

He llorado mucho viendo el documental *Promises* de Justine Shapiro, B.Z. Goldberg y Carlos Bolado, premiado en innumerables festivales de cine y nominado al Oscar al Mejor Documental 2002. Siete niños de Jerusalén que viven a veinte minutos de distancia física y en realidad tan lejos llegan a conocerse gracias a los realizadores de dicho documental. En las caras de todos ellos veo su inocencia, en sus mentes, ya grabadas a fuego las historias de tantos años de guerras y sufrimientos. Es muy emocionante el momento en que los niños de ambos bandos se conocen y traban amistad; y más aún el momento en el que lloran porque saben que a pesar de estar tan cerca no podrán seguir jugando juntos. También llora el realizador junto a ellos, pues sabe como ellos que al acabar la película la amistad habrá sido un espejismo. Sin historias de por medio los niños pueden quererse. Sea quien sea quien tiró la primera piedra, alguien debería poder hacer algo para ofrecer un mundo mejor a los niños de todo el mundo que nacen, viven y mueren en los conflictos de guerra. Reflexionemos sobre a dónde nos lleva odiar, matar y fijarnos en nuestras diferencias. ¿Qué mundo es ése donde niños que aún no han ganado uso de razón son ya puestos a matar o morir? ¿De qué pasta estamos hechos los seres humanos que somos incapaces de vivir juntos y relacionarnos sin violencia? Sólo a través de los ojos del corazón puede verse lo única y preciosa que es la vida. Cada ser humano tendrá su momento para darse cuenta del inmenso valor de una vida. En las guerras todos claman a su Dios, seguros de que éste les ampara. Pero ¿realmente un Dios podría ver con buenos ojos cómo se mata a niños o cómo se les enseña a matar? ¿Qué Dios sería ése? Si Dios es sinónimo de pureza, empecemos por ahí. Cada uno en su propia vida soltando las armas y la defensa, la violencia y la agresión de cualquier tipo. Nada puede justificar la muerte de un ser humano a manos de otro. Dejemos que sea la vida la que devuelva a las cosas su equilibrio y ocupémonos sólo en ser paz para tener paz. El único poder verdadero es el poder del amor.

Historias del Holocausto

Irena Sendler, *la madre de los niños del Holocausto.*

> *«A un gran corazón, ninguna ingratitud lo cierra, ninguna indiferencia lo cansa».*
> LEÓN TOLSTÓI,
> escritor ruso

Irena Sendler nació en Varsovia en febrero de 1910. Conocida como «El Ángel del Gueto de Varsovia», Irena era católica, pero creía que debemos ayudar a las personas necesitadas sin mirar su religión o nacionalidad. Trabajaba en el departamento de Bienestar social de Varsovia proporcionando comida, ropa y medicinas a huérfanos, ancianos y pobres cuando Alemania invadió Polonia en 1939. En 1942 los nazis crearon un gueto en Varsovia, e Irena, horrorizada por las condiciones en que se vivía allí, se unió al Consejo para la Ayuda de Judíos. Los alemanes invasores tenían miedo de que se desatara una epidemia de tifus, por lo que toleraban que los polacos controlaran el recinto. Pronto se puso en contacto con familias a las que ofreció llevar a sus hijos fuera del gueto. No les podía dar garantías de éxito, pero sabía que era la única forma de salvarlos de una muerte segura. Muchas madres y abuelas eran reticentes a entregar a sus niños, algo totalmente comprensible pero que resultó fatal para ellos. A lo largo de un año y medio, hasta la evacuación del gueto en el verano de 1942, Irena se concentró en el rescate de niños de todos las maneras que pudo idear, sacándolos en ambulancias como víctimas de tifus, en sacos, cestos de basura, cajas de herramientas, cargamentos de mercancías, bolsas de patatas, ataúdes… luego los escondía en conventos y en hogares católicos. Irena ideó además un archivo en el que registraba los nombres de los niños y sus nuevas identidades para que un día pudieran recuperar sus verdaderos nombres y sus historias personales. Los nazis, al enterarse de sus actividades la detuvieron el 20 de octubre de 1943, y fue llevada a la prisión de Pawiak donde fue brutalmente torturada. En sus últimos años recibió el cariño y agradecimiento de los más de 2500 niños que salvó y fue postulada para el Nobel de la paz, aunque no le fue concedido. Falleció el 12 de mayo de 2008 a los 98 años.

Oskar Schindler

> *«No se ve bien sino con el corazón,*
> *lo esencial es invisible a los ojos».*
> ANTOINE DE SAINT-EXUPÉRY,
> El principito

La historia de Schindler se haría famosa a raíz de la película titulada La lista de Schindler, dirigida por Steven Spielberg en 1993 y con el actor Liam Neeson interpretando a Oskar Schindler. El filme muestra su vida desde la época de negociante, su evolución personal durante la guerra y cómo su ayuda y los negocios en los que intervenía ayudaron a salvar la vida a más de 1000 personas. Al principio puede que Oskar Schindler se sintiera muy motivado por el dinero (por ejemplo, escondiendo a los ricos inversores judíos), pero luego tras la convivencia diaria con ellos su conciencia se fue abriendo y empezó a constatar las brutalidades y el fatal destino que los nazis les daban a los judíos. Entonces empezó a proteger a sus trabajadores sin tener en cuenta el beneficio económico. Después de la represión del gueto de Cracovia, del cual Schindler fue testigo, se decidió a negociar con el coronel Goeth judío por judío, pagándole una suma determinada de dinero para que cada uno de ellos fuera empleado en su fábrica y así salvarlos de morir en los campos de exterminio nazis. Los judíos eran inscritos en una lista por Stern, su fiel contable. Cuando el negocio de las ollas ya no era satisfactorio con la Wehrmacht, cambió el rumbo a la producción de cápsulas y proyectiles de artillería para poder mantener en pie la fábrica y así ampliar la solicitud de mayor mano de obra, y también mantener la salvación de judíos. A finales de 1944 Schindler pudo salvar a unos 1200 judíos polacos, quedando casi en la bancarrota. Hoy, 52.000 familias son descendientes de esas personas que él salvó. Oskar Schindler, que actuaba en principio con fines egoístas, acabó siendo un símbolo de la resistencia del bien en un mundo cruel; de la existencia de la buena gente en un ambiente teñido del gris absoluto de las cenizas. La historia está plagada de ejemplos semejantes, de héroes anónimos que dan cada día su vida por los demás. En un mundo con dos caras, el bien aguarda agazapado cuando se activa el mal. En cada guerra y en cada desgracia siempre surge lo mejor y lo peor del ser humano, la solidaridad frente a la barbarie. Lo interesante es que hagamos una reflexión profunda, que seamos conscientes de que en cada momento podemos decidirnos por el bien o por el mal y que cada cosa tiene unas implicaciones y consecuencias muy distintas. A veces quedarnos quietos da la victoria al mal, como en el caso de los alemanes que callaron en los años del Holocausto por un lícito temor por su propia vida. Una voz callada que tuvo devastadoras consecuencias.

> *«La compasión es la actitud que nos lleva*
> *más rápido a la plenitud».*
> LAMA WANGCHUK,
> maestro budista

Korczak nació en 1879 en Varsovia. Fue médico y además un reconocido pedagogo y escritor de literatura infantil. En 1911 se hizo cargo de un orfanato que él mismo diseñó para niños judíos. El 5 de agosto de 1940 los nazis obligaron a los niños a mudarse al gueto de Varsovia. Korczak nunca quiso abandonar a sus niños y a pesar de que le fue ofrecida la salvación varias veces, rehusó dejarlos solos y decidió morir con ellos. El día señalado, los niños iban vestidos con sus mejores ropas y con su juguete favorito, caminaban en procesión junto a Korczak. Joshua Perle, un periodista testigo describió el evento:

«Había ocurrido un milagro, doscientos niños que no lloraban, doscientas almas puras condenadas a la muerte y no derramaban ni una lágrima. Ninguno trató de huir, ninguno trató de escapar. Tragando su dolor se aferraban a su maestro y mentor, a su padre y hermano, Janusz Korczak, que los protegería. Korczak marchaba con la frente en alto, sosteniendo la mano de uno de sus niños (…). Por todos lados los niños estaban rodeados de alemanes y ucranianos que les lanzaban golpes con las manos o garrotes. Las mismas piedras de la calle lloraban en silencio al ver la procesión».

La leyenda popular dice que el tren donde viajaban fue desviado y que Korczak y sus niños se salvaron, pero no hay pruebas que lo verifiquen, lo más probable es que todos murieran asesinados en la cámara de gas al llegar a Treblinka.

En medio del mal más absoluto, crecieron historias como éstas en las que el amor triunfa por encima del oscurantismo, la ignorancia, la crueldad y el dolor profundo. Estas historias nos enseñan que mucha gente a la vez puede estar muy equivocada. Es importante escuchar a nuestro corazón y arriesgarnos a nivel personal para marcar la diferencia. «El que salva a una persona salva al mundo entero» reza en el Talmud. Todos estamos implicados siempre, no podemos dejar de ser responsables en ningún momento de nuestra vida. Nunca sabremos si nos tocará salvar o ser salvados, en cualquier caso sólo siendo salvador puedes al final ser salvado. Las guerras continúan en todo el mundo. Hemos de tener claro que sólo la paz es el camino de la paz.

Padres e hijos. El equipo Hoyt, el amor colosal de un padre por un hijo

> *«Fue el tiempo que pasaste con tu rosa*
> *lo que la hizo tan importante».*
> Antoine de Saint-Exupéry,
> El principito

Todo el que sea padre o madre estará de acuerdo en que el amor incondicional es lo que ellos sienten por sus hijos, pero cabe preguntarse si seríamos capaces de la proeza de Dick Hoyt por su hijo Rick. Nacido en 1962 en Massachussets y desahuciado por los médicos por problemas en el parto, éstos dijeron que siempre sería como un vegetal. Sus padres no se resignaron al diagnóstico e insistieron en su educación y en criarlo de la forma más normal posible. Le enseñaron el alfabeto y con 12 años unos ingenieros hicieron para él un ordenador especial con el que podría comunicarse con sus movimientos de cabeza. Así descubrieron en seguida que no podía hablar pero que tenía sentido del humor y por lo tanto inteligencia. A Rick le encantaba el deporte y se empeñó en correr una carrera benéfica de cinco millas a favor de un compañero de su escuela lesionado. Dick era un teniente coronel retirado del ejército de Estados Unidos y no estaba muy entrenado. Aún así corrieron su primera carrera, Rick en su silla de ruedas y Dick empujándola. Después de la carrera Rick le dijo a su padre que durante la carrera se había sentído como si no fuese discapacitado. Así nació el Equipo Hoyt. Al principio no eran muy bien vistos, pero ellos siguieron compitiendo en más eventos. Después de 4 años de maratones, el equipo Hoyt intentó su primera triatlón, por lo que Dick tuvo que aprender a nadar y a ir en bicicleta. Con una bicicleta adaptada para cargar a Rick en el frente, y un bote atado a la cintura de Dick mientras nadaba, los Hoyt llegaron segundos en la competición que se llevó a cabo el Día del Padre en 1985. «Ése fue mi regalo de Día del Padre de Rick», dice Dick. Durante los últimos 20 años han participado en más de doscientos triatlones y cientos de maratones. Hoy en día siguen compitiendo y además dan charlas y conferencias motivacionales. El padre dice que es Rick quien le inspira y motiva por su forma de amar los deportes y Rick dice que su padre es un modelo a seguir pues tiene una fuerte voluntad que le lleva a entrenar hasta cinco horas al día cinco días a la semana. Hace unos años Dick sufrío un ataque al corazón, no muy severo, durante una carrera. Los médicos encontraron que una de sus arterias estaba 95 % obstruida. Los médicos le dijeron que si no hubiese estado en tan excelente forma, probablemente habría muerto hace 15 años». Con lo que Rick, de alguna manera, encontró la manera de salvar a su padre y devolverle la vida que él le había regalado. Una historia de superación difícil de entender en un mundo en el que nos cuesta tanto hacer algo por alguien, y donde el esfuerzo no es un valor en alza. Un amor que conmueve porque va más allá de cualquier frontera que la mente haya podido trazar. Una prueba de que el amor puede romper todas las barreras imaginables.

Randy Pausch, la última lección

> *«Cuando te sientes lleno de amor,*
> *tu mundo refleja ese amor».*
> ISHA,
> ¿Por qué caminar si puedes volar?

La conferencia con dicho título fue un acto de amor de un padre a sus hijos. Como él mismo dijo «Estoy intentando meterme en una botella que un día aparecerá en la playa de mis hijos». Randy Pausch era profesor de informática en la Universidad de Carnegie Mellon en Pittsburg, Pensilvania (USA). Allí se estaba realizando un ciclo de conferencias llamado «La última conferencia». Se pidió a los profesores universitarios reflexionar sobre el auténtico sentido de sus vidas. «¿Qué sabiduría impartirías al mundo si supieras que es tu última oportunidad?». Un mes antes de su conferencia, Randy Pausch recibió el pronóstico de que el cáncer de páncreas que había contraído un año antes estaba en fase terminal. Le dieron unos tres meses de vida, que al final fueron once. Randy Pausch ofreció una emotiva conferencia desde la fuerza y el optimismo para que sus tres hijos, de 5, 2 y 1 año respectivamente, pudieran saber quién era su padre y cómo quería ser recordado. En ella habló sobre cómo vio cumplidos los sueños de su infancia y en ella mostró su carácter alegre y su fortaleza de espíritu. Su tono era de humor y positivo, pero no carente de emoción. Su voz se quebraba al hablar de sus hijos y su esposa, los únicos en los que pensaba mientras hacía la conferencia. A pesar del impacto mundial de la conferencia y posterior libro, que lo convirtieron en una celebridad, el único fin de Randy fue transmitir el amor que sentía por su familia y hacer que éste perdurara para siempre.

La sociedad de la nieve

«Qué extraordinario sería esto si no estuviéramos muertos».
NANDO PARRADO A ROBERTO CANESSA,
supervivientes de la tragedia de los Andes

La historia de supervivencia en condiciones extremas de las personas que estuvieron atrapadas en los Andes en 1972 durante 72 días ha dado que hablar durante décadas. He aprendido muchas cosas de los relatos de los 16 supervivientes, en el libro que Pablo Vierci ha escrito treinta y seis años después (La sociedad de la Nieve, ed. Sudamericana, 2009). Quizás lo que más llame mi atención sea ese algo más que ellos dicen haber conocido en la montaña. En un infierno de hielo y penumbras lo que les unió en un todo fuerte y compacto fue el amor:

«Allá arriba muchos compañeros tuvieron que tocar el cielo. Todo me ha afectado muy de cerca. Pido para no volver a lo que era antes. La enseñanza que he recogido es que no hay nada mejor y que dé más tranquilidad de espíritu que brindarse al otro, éste es el principal aprendizaje que he recibido y con él me siento en paz». Del relato del superviviente COCHE INCIARTE.

«(…) logramos sobrevivir solamente con los afectos, porque no teníamos otra cosa, salvo el uno con el otro». Del relato del superviviente MONCHO SABELLA.

«Allá nadie pedía: todos daban». Del relato del superviviente GUSTAVO ZERBINO.

«Nosotros no teníamos ilusiones aislados. Cuando nos dejábamos de tocar, empezábamos a enloquecer. Por eso dormíamos abrazados: no sólo por el frío». GUSTAVO ZERBINO.

Comprendieron en esa nueva sociedad creada en la nieve que el amor que se da no sólo no se divide sino que se agiganta. Su vida era un sacrificio constante por el conjunto, pero que no permitía atravesar los límites, pues darse demasiado era morir. Lo que les salvó no fue sólo alimentarse con el cuerpo de sus compañeros, el factor clave fue la creación de un ente conjunto carente de ego, que les obligaba a ser honestos y a comportarse sin dobleces. Su comportamiento se basaba en un darse al grupo, entregarse para vivir:

«Del alud salimos ocho menos, pero salió uno más, y ese "más uno" inmaterial nos advirtió que se terminaban definitivamente las mezquindades de la sociedad "civilizada"». COCHE INCIARTE.

«Eramos el grupo y la meta era hacer cada uno su tarea, sin que ningún líder ni semidiós la ordenara. Si algo no existía en la sociedad de la nieve era el protagonismo». MONCHO SABELLA.

«Lo primero que aprendimos en la montaña es a decir la verdad: cuando nos rescataron, nos pidieron que negáramos que habíamos comido los cuerpos muertos (…); gente prestigiosa, con mucho peso, nos dijo: "escóndanlo". Pero ¿por qué? Si lo que había aflorado allá arriba fue el respeto a la vida, el respeto a la muerte, si lo que afloró en ese infierno fue el afecto, el único antídoto que conseguía disolver parte de ese dolor, ¿cómo íbamos a bajar a la vida y lo primero que diríamos sería una mentira? (…); dijimos que para sobrevivir nos comimos a nuestros amigos. Eso es tan fuerte para una sociedad que vive en el autoengaño, en la hipocresía, en lo "políticamente correcto"». Del relato del superviviente GUSTAVO ZERBINO.

Otra prueba de que este todo compacto estaba unido por el pegamento del amor y los afectos era que como todo ser que vive en el amor ha dejado de estar inmerso en la realidad mental. Ellos vivían totalmente focalizados en el presente, pues de ello dependía su vida:

«(…) no había lugar para otra cosa que no fuera lo que teníamos que hacer en ese momento inmediato, el próximo minuto, cómo comeríamos hoy, cómo fundiríamos agua si estaba nublado, cómo sería la próxima expedición, quiénes iban a salir, qué alimentación requerían, quién te pisaba cuando intentabas descansar, qué hacías cuando te pisaba. Vivíamos momento a momento sin poder preguntarnos si estaba bien o mal lo que estábamos haciendo, porque si queríamos hacer lo necesario para vivir una hora más, no podíamos detenernos para cavilar». Del relato del superviviente PEDRO ALGORTA.

Vivían un presente constante por simple instinto de vida. Treinta y seis años después de lo sucedido, los que vivieron ese infierno blanco nos explican que para sobrevivir sólo podían estar enfocados en lo más cercano, cada uno vivía enfocado en la tarea que mantendría al grupo con vida por un tiempo más. En esa durísima experiencia aprendieron a agradecer las cosas sencillas; una nueva perspectiva sobre la vida que no se les borró desde entonces.

«A veces me pregunto en qué me cambió la cordillera y llego a una conclusión elemental: aprendí a disfrutar en especial de la cosas sencillas, la familia, los amigos. Reírme, estar agradecido, sin necesidad de vivir en un paraíso o con dinero en el bolsillo. Es básico, pero eso fue lo que aprendí». Del relato del superviviente ROY HARLEY.

«Hacíamos un juego, con Diego Storm y Gustavo Nicolich, que era imaginar qué estarían haciendo en nuestras casas, en ese exacto instante. Cada uno contaba lo que visualizaba. Cerrábamos los ojos los tres y los veíamos, escuchando el relato del que le tocaba el turno, y sentíamos que estábamos allá, que volvíamos a formar parte de esa rutina tan maravillosa, que hasta entonces nunca habíamos valorado. Qué estaba haciendo mi madre, mi padre, mis hermanos; en qué momento del mes estábamos, y tratar de sentir la temperatura que estaban experimentando en ese momento en Montevideo, la calidez de la primavera, el murmullo constante del Río de la Plata, la tibieza de los árboles brotando, el olor a comida recién hecha saliendo del horno. Imaginábamos incluso qué platos estaban cocinando, porque cada familia tiene sus pequeñas rutinas». ROY HARLEY.

De la forma más poderosa aprendieron lo que significaba seguir vivos una hora más:

«La pulsión por vivir veinticuatro horas más trasciende edades y culturas y está presente en todos los seres humanos, en un campo de concentración o perdidos en una montaña. En una situación límite surge un impulso que te catapulta, siempre, a hacer otro esfuerzo más allá de tu límite». PEDRO ALGORTA.

«Para mí, el verdadero milagro es que, al vivir tanto tiempo esquivando la muerte, rozándola siempre, aprendimos de la forma más poderosa lo que significa estar vivo». NANDO PARRADO.

Puede observarse a través de lo que nos explican, que toda experiencia negativa encierra un tesoro de sabiduría, algo que nos ayudará más adelante a vivir la vida de una forma distinta:

«Y ése otro que emergió con el pasar de los días, que aprendió el valor de la vida (...) Aquella experiencia tan dura se transformó en una catapulta de la que salí disparado para alcanzar otros horizontes, un gran salto desde la penumbra hacia la vida». Del relato del superviviente CARLITOS PAEZ.

Otra de las cosas que se pueden extraer de esta experiencia es el poder que tiene la mente para ayudarnos en cualquier experiencia:

«(…) Vienen a preguntarse cómo hicimos para sobrevivir, y se van con una respuesta tan simple que les sorprende: nunca perdimos el proyecto de escapar, siempre creíamos con todas nuestras fuerzas que algo extraordinario era posible». ROBERTO CANESSA.

Pancho Delgado, otro superviviente, nos dice que son nuestros límites los que acaban marcando la frontera entre lo que se puede y lo que no:

«No sabíamos que "jamás podré salir". Nuestro hábitat natural en Uruguay es la playa, el río, el océano y el verde. Nuestra ignorancia en la materia fue, sorprendentemente, nuestra principal aliada, porque impidió que nos enloqueciéramos, amortiguó la desesperación, el caos y la histeria, y nos permitió creer irracionalmente, que en verdad se podía». PANCHO DELGADO.

Ellos nos cuentan que para salir de situaciones aparentemente sin salida hay que luchar, pelear por la vida ignorando el resultado. Ninguno se resignó a morir, sino que luchó por salir adelante en cada momento. El espíritu combativo les ayudó a no dejarse vencer. Ésa es la forma en que ellos pudieron ir tolerando una interminable sucesión de adversidades y cómo invitan hoy a cualquiera que tenga problemas a subir su propia cordillera con un sí a la vida.

La última reflexión que me invita a hacer este libro es quizás la más importante en cuanto a la relación del hombre con su propia alma. Algunos, como Eduardo Strauch, huyendo de la atroz realidad se tropezaron por casualidad con la espiritualidad. La soledad y el sufrimiento le facilitaron un estado expandido de conciencia, un desapego de lo que estaba viviendo como mecanismo de defensa ante el horror. Más tarde supieron que aquello que algunos habían sentido en la montaña eran estados de meditación profunda y lo siguieron buscando en el mundo al que volvieron, recordando la conexión con la montaña como algo que no querían perder y a lo que necesitaban volver, porque era una conexión con su yo más profundo que les colmaba de plenitud.

«(…) Ya sabía que ese Dios o ese espíritu superior existe y pertenece a todos los hombres, porque así se me había revelado en mi vida de moribundo. (…) Es fácil no creer desde el llano: es imposible no creer cuando estás a solas con la montaña». COCHE INCIARTE.

Un sexto sentido les dijo a muchos de los supervivientes que no morirían en los Andes, igual que a Pancho Delgado un presentimiento muy poderoso le dijo que ese avión se iba a caer, o de la misma forma que una fe muy fuerte le dio a algunos de los padres la convicción absoluta de que su hijos seguían con vida y por eso nunca dejaron de buscarlos aunque ya llevaban 72 días desaparecidos. Pero lo más sorprendente es constatar que el espíritu no necesita nada de lo que creemos para ser feliz, sino que es la profunda conexión con el entorno lo que les provocaba estados de felicidad profunda:

«No tengo nada, estoy con hambre, tirito de frío, estoy solo, perdido, con la muerte pisándome los talones, y sin embargo puedo experimentar una felicidad diferente. Parece una terrible contradicción, pero por momentos ocurrió, cuando lográbamos una conexión con el entorno que pertenecía a otra dimensión. (…) Cuando comencé a morirme, me surgió una fuerza interior desconocida que me indicó que eso no era el fin». Del relato del superviviente ADOLFO STRAUCH.

Otros hablan directamente de Dios:

«No siento que todo esto haya sido obra del destino, de la casualidad, de la mala suerte, como otros tienen todo el derecho de creer. Todo ha sido obra de Dios. De algo superior a nosotros, que tiene sus designios, y del cual no somos sus juguetes, pero con el que interactuamos, dialogamos, formulamos preguntas y encontramos respuestas, si abrimos el corazón para escucharlo. Yo le pongo nombre propio: no ando con eufemismos». Del relato del superviviente JAVIER METHOL.

Pero es Eduardo Strauch el que habla más claramente de haber encontrado un estado de expansión de la conciencia, una necesidad de integrarse con lo absoluto, de volcarse en su interior para encontrar una explicación. Eduardo Strauch dice que descubrió en la montaña lo que después reflexionó que está en la base de todas las religiones. Pero mejor poner toda esa increíble experiencia de casi muerte en sus propias palabras:

«(…) Es la sensación de que somos más que nuestros cuerpos físicos, lo que te permite enfrentar la muerte de otra manera. La primera vez que pude advertir ese estremecimiento, de que mi mente se separaba del cuerpo físico, fue cuando creí morirme en la avalancha. (…) Primero fue esa sensación de miedo que se transformaba en pánico mientras me dirigía hacia lo desconocido. Después experimenté nostalgia, sensaciones que se iban enganchando una con la otra, el miedo con el terror, el terror con la nostalgia. Luego quedó una honda tristeza de dejar la vida, y sobre esa congoja empecé a recorrer mi pasado en imágenes. Hasta que esa aflicción fue cediendo, y se le superpuso un magnetismo hacia un estado que me arrastraba, que me atraía física y espiritualmente hacia algo demasiado agradable, imposible de describir. Desaparecieron las imágenes del pasado y me vi llevado hacia algo maravilloso, hasta que llegó un momento en que sentí que estaba muerto. Después sentí movimientos a mi costado, escuché la voz de Adolfo a lo lejos y una bocanada de oxígeno me devolvió a la vida. Respiré otra vez, y surgió la angustia de regresar al sufrimiento, con ganas de gritar ¡quiero volver a estar muerto!, pero la pulsión de estar vivo es demasiado fuerte y, con fuerza arrolladora, pasa por encima de otras sensaciones. Todo este proceso abrupto, que ocurrió de forma prácticamente simultánea, me permitió captar, entre otras cosas, la fugacidad del tiempo. El miedo, la nostalgia y el magnetismo placentero suceden en un solo instante, y cuando Adolfo me llamó y me destapó para respirar, se truncó ese viaje que había iniciado, pero lo que surgió fue nuevo, porque ya conocía aquel magnetismo que se cortó antes de concluir».

»(…) Al salir por el hueco que logramos hacer, descubrimos un día de sol majestuoso, el cielo azul más límpido que nunca, sin una nube, con la superficie cubierta por un espeso manto de nieve. Aspiré profundamente el aire de la montaña y sentí que me purificaba. Entonces nos revolcamos en la nieve con Nando y Carlitos, y sentí claramente que me fusionaba con la naturaleza, mi mente se expandió en ese paisaje esplendoroso, a tres mil setecientos metros de altura, en una zona que jamás había sido pisada por el ser humano, y sentí como una explosión hacia el universo, mi espíritu se ampliaba y luego regresaba a mí. (…) con la vida hecha trizas encontré una curiosa forma de felicidad vinculada con esa fantasía o ese deseo tan humano de ir un poco más allá. (…) ¿Dónde estaba ese algo más que había conocido en la montaña? Algo de ello estaba en mis compañeros (…) y sé que puedo retornar a la montaña cuando quiera, mientras tenga fuerzas, para sentir ese sueño lúcido tan apremiante de ir más allá de mis límites». EDUARDO STRAUCH.

Ese algo más que estas personas conocieron en un desgraciado accidente de avión es lo que todos buscamos. La vida nos resulta insulsa, deprimente e incomprensible hasta que no nos sentimos parte de algo mayor. Es lo que a muchos les ocurrió en la montaña. Ese algo mayor tiene mucho que ver con el Amor, con el fundirse con el otro, con darse, con estar aquí, con vivir las pequeñas cosas del día a día. Todo lo que nos sugiere la experiencia espiritual puede vivirse en la vida cotidiana si dejamos de ir tras pastos más verdes imaginando que lo extraordinario se encuentra en las aventuras excepcionales. Cuando dejamos de buscar lo sensacional esto se revela por sí mismo. Dejar de perseguir las cosas, amar el lugar en el que estamos, sea éste la cima de una fría montaña en medio de la nada o sumergidos en medio de una existencia aparentemente gris. Lo que realmente transforma nuestra vida es la expansión de nuestra mente a través de darnos al otro, de apreciar el valor de estar vivos, de las cosas sencillas, de ser conscientes de nuestro poder interior. Nuestra dimensión más escondida nos fusiona al mundo deshaciendo todos los límites que nos impiden comprender que no hay ninguna separación en absoluto entre nosotros y lo que observamos. La sensación de pequeñez está conectada con la mente egoísta, al expandir nuestro corazón hacia el mundo y hacia el otro nos hacemos uno con todo el espacio exterior.

«En el zen se dice que la luna al completo y el cielo se reflejan en una gota de rocío en la hierba. Cada cosa por pequeña que sea, cada instante, es una contribución y una reflexión del todo. Meter a un niño en la cama, pagar las facturas, escuchar a un socio, pagar al empleado de la gasolinera, escribir una carta o un informe, encontrarse para comer, planear un trabajo, regar el jardín; cada uno de estos actos se convierte en la encarnación de un corazón despierto. Es sorprendente que podamos olvidar esta verdad». JACK KORNFIELD, *Después del éxtasis, la colada.*

La paradoja del amor

«La felicidad es el estado natural de un corazón que ama».
ANÓNIMO

Amando, la vida se vuelve grande, extensa, maravillosamente plena de riquezas. Temiendo, nada puede fluir y lo nuevo no puede llegar a nosotros. El secreto que guarda la mente espaciosa es que sabe amarlo todo, sin escoger nada, sin rechazar nada. La mente sabia ama cada cosa que se encuentra, le da su espacio y le presta atención. No rechaza nada ni prefiere algo distinto porque sabe que algo distinto siempre llega si deja fluir las cosas. Amándolo todo se producen los milagros y las transformaciones. Amando, la vida se llena de riquezas, temiendo, el mundo se hace pequeño y nos encierra en un caparazón hecho de creencias irreales que nos atrapan en la pesadilla del desamor. Decido amar y ser una con la vida, vivir temiendo no vale la pena. El instinto del miedo nos hace aferrarnos a las cosas y a las personas, cuando eso sucede nos quedamos enganchados a aquello que tememos perder y en ese preciso momento lo perdemos. Sin embargo, cuando decido que voy a amar todo tal y como es gano todo lo que hay. Si lo amo, lo gano. Si temo, lo pierdo. Amar es ganar el universo y temer es perderlo. Amar es crear espacio en nuestra vida, temer es encerrarnos, limitarnos. Al querer apoderarme de aquello que quiero sólo para mí me quedo enganchada a ese objeto y me salgo del flujo de la vida. Amar es unirnos al río de la vida, temer es estancarnos en nuestros pensamientos torturadores, en las personas que queremos que sean «nuestras», en los objetos que anhelamos; entonces la vida sigue girando y nosotros quedamos anclados en algún punto perdiéndonos todo lo demás. Al amar dejamos que todo sea como es y durante el tiempo que está ahí nos pertenece por completo; cuando se va lo dejamos ir y en ese espacio damos cabida a lo nuevo. El amor obra el gran milagro de poder nacer de nuevo con cada parpadeo, con cada respiración. Todo es nuevo, fresco, maravilloso y auténtico si puedo seguir amando a pesar de todo. El amor es el milagro que nos da la vida. Decidamos amar.

El amor está en el aire

Si este libro pudiese tener banda sonora sin duda elegiría acabarlo con la maravillosa melodía de la canción de John Paul Young *El amor está en el aire* (*Love is in the air*). Seguro que te suena la melodía. Esta canción me transmite buenas sensaciones. A través de la mirada del amor se percibe el amor que está en todas partes: en el aire, en el susurro de los árboles y en el trueno del mar… está ahí cuando sale el sol y cuando el día se va…Si has hecho la conexión, todo es amor. Las grandes historias de amor de las que hemos hablado no están reservadas a personas especiales o más capacitadas que tú. Si crees que falta amor en tu vida mira dos veces. El amor eres tú cuando es tu corazón el que mira. El amor no puede buscarse en el mundo, sino que es un eco de lo que ponemos en él. Puedes convertirte ahora mismo en el protagonista de una gran historia de amor y tener un romance con tu vida. Préstate atención y date a ti mismo aquello que has estado buscando de los demás, cuídate, quiérete y haz elecciones conscientes que mejoren tu vida. Entonces ya nunca más necesitarás convertir tu vida en un drama para que los demás te hagan caso. Date el perdón por los errores cometidos, deja de sentirte culpable, acéptate como eres. El amor no es algo que llega un día, sino una mirada más compasiva, una decisión amorosa, un sentir diferente, más abierto e indulgente. El amor está en el aire. ¿Lo hueles? ¿Lo sientes? Es una vibración ¿La captas? Es la sustancia en la que nadas. Si estuviese fuera de ti podrías verlo, pero no lo está, por eso sólo puedes sentirlo y compartirlo. Créetelo, eres una gran estrella merecedora de todo el amor que hay en el universo.

LOVE IS IN THE AIR (John Paul Young)

Love is in the air   (El amor está en el aire)
Everywhere I look around   (por todas partes a donde miro)
Love is in the air   (El amor está en el aire)
Every sight and every sound   (en cada vista y cada sonido)
And I don't know if I'm   (y no sé si estoy
    being foolish,   siendo tonto o sabio)
Don't know if I'm being wise
But it's something that I must (pero es algo en lo que tengo
    believe in   que creer)
And it's there when I look in   (y está ahí cuando miro en tus
    your eyes   ojos)
Love is in the air   (El amor está en el aire)
In the whisper of the trees,   (en el susurro de los árboles)
Love is in the air,   (El amor está en el aire)

In the thunder of the sea   (en el trueno del mar)
And I don't know if I'm just   (Y no sé si sólo estoy soñando)
dreaming
Don't know if I feel sane   (No sé si me siento sano)
But it's something that   (Pero es algo en lo que tengo
    I must believe in   que creer)
And it's there when you call   (y está ahí cuando miro en
    out my name   tus ojos)
Love is in the air   (El amor está en el aire)
Love is in the air   (El amor está en el aire)
Oh oh oh   Oh oh oh
Love is in the air   (El amor está en el aire)
In the rising of the sun   (en la salida del sol)
Love is in the air   (está en el aire)
When the day is nearly done   (cuando el día se está acabando)
And I don't know if you're   (Y no sé si eres una ilusión)
    an illusion
Don't know if what I see is true   (No sé si lo que veo es real)
But you're something that   (Pero eres algo en lo que tengo
    I must believe in   que creer)

And you're there when   (Y está ahí cuando voy a tocarte)
   I reach out for you

Love is in the air
Every sight and every sound
And I don't know if I'm being foolish
Don't know if I'm being wise
But it's something that I must believe in
And it's there when I look in your eyes

«*En su antiguo Canto del Zazen Hakuin Zenji escribió: "Todos los seres son por naturaleza Buda, del mismo modo que el hielo es por naturaleza agua. Qué tristeza que la gente ignore lo que está tan próximo y busque la verdad lejos, como alguien que estuviera en medio del agua y muriera de sed… Realmente ¿os falta alguna cosa? El nirvana está aquí mismo, frente a vuestros ojos; este precioso lugar es la Tierra Pura de Loto; este cuerpo: Buda"*».

JACK KORNFIELD,
Después del éxtasis, la colada

EPÍLOGO

Una lista de pequeñas cosas que hacen que la vida valga la pena. (Elaborada con una pequeña ayuda de mis amigos…)

- Un beso.
- Desayunar café y pizza.
- El olor después de la lluvia.
- Escuchar tu canción preferida en un concierto.
- El primer baño del año en la playa.
- Salir de trabajar el último día antes de vacaciones.
- Los amigos.
- Llegar a casa y encontrar a las personas que quieres.
- No hacer nada un domingo, por lo menos uno al mes.
- Sentirte agradecido y que te agradezcan las cosas que haces.
- Un paseo en moto por la montaña.
- Que te salude tu perro al llegar a casa.
- Ver de nuevo una mañana más.
- La vida, sin ella no sería nada.
- Una palabra, un saludo, una mirada. A veces dicen mucho y a veces nada.
- Una caricia, las caricias, la ternura.

- Un hola y un adiós.
- Tú, ellos, todos.
- Apretujar a la gata entre los brazos al llegar a casa diciéndole cositas al oído.
- Un abrazo sincero de una persona querida.
- Estar sentada en un parque un domingo por la mañana viendo la gente pasar.
- La sonrisa de un bebé es algo increíble.
- Sentir en la distancia que tienes en tu país de acogida una familia y amigos espirituales.
- Sentir olores que te traigan recuerdos.
- Despertarte una mañana fría y lluviosa y darte cuenta de que no tienes que hacer nada y puedes seguir durmiendo.
- Los besos en la frente.
- Las emociones.
- Cuando veo a mi hijo, oigo su voz, su risa y su llanto, incluso sus quejas y enfados. Tenerlo cerca.
- Cuando se va el sol, lo miras, cierras los ojos y sientes su luz. Un día de viento salir y notar cómo te envuelve, la lluvia por la noche.
- Estar en buena compañía, disfrutar de ese momento en el que desaparecen las expectativas y simplemente estás.
- Las risas sinceras que salen de dentro.
- Ver y oír a mis amigas, la amistad.
- El primer día de vacaciones.
- Un encuentro inesperado.
- Que te preparen una fiesta sorpresa.
- Caminar en la primera lluvia de verano.
- Cuando el avión despega hacia un nuevo lugar.
- Ver gente que ríe sin razón aparente.
- Ver una pareja de viejitos de la mano.

- Dormir, recién duchada, sobre sabanas limpias.
- Despertar con besos y caricias y acabar haciendo el amor.
- Un atardecer rojo en la playa en verano.
- Una mirada cómplice.
- Bañarse en un río en pleno verano y sentir que el agua fría te revive.
- Un ataque de risa.
- Un «te quiero» de corazón.
- Bañarse desnudo en la playa en una noche calurosa de luna llena con tu pareja.
- Ver en primavera que todo alrededor florece.
- Comprar macetas de flores nuevas y plantarlas en el jardín.
- Tomar té con galletas o bizcocho casero con amigas y charlar.
- El aire fresco de la mañana.
- Tomar un largo café con un amigo o amiga.
- El silencio de la mañana.
- La energía de los bebés, olerlos y darles besitos.
- Un masaje en los pies... o en la espalda... o... un masaje.
- Oír la lluvia repiqueteando en el tejado mientras estás sentado al calor del hogar.
- Ver, oír y oler el fuego de una chimenea en buena compañía.
- Ir de compras con amigas y luego estrenar la ropa.
- Lucir unos nuevos zapatos.
- Poder dormir sin poner el despertador.
- Poder dormir la siesta en el sofá mientras ves una película el domingo por la tarde.
- Cocinar algo nuevo para alguien especial.

- Saber que tienes alguien que te escucha amorosamente cuando tienes problemas.
- Comprar un libro que te gusta y empezar a leerlo.
- Una escapada improvisada.
- Comprar castañas calientes en un frío día otoñal.
- Ver los comics y leer las historias que inventa mi hijo.
- Un paseo romántico junto al mar un domingo solitario de invierno.
- Contarle a tu pareja las pequeñas cosas del día a día.
- El buen sexo.
- Recibir mensajes de un nuevo amor.
- Los cruasanes recién hechos y el chocolate caliente.
- Ir de tapas con amigos en una ciudad nueva.
- Un largo beso apasionado.
- Los besos de amor, de pasión, de ternura...
- Los abrazos.
- Una expresión espontánea de cariño.
- Un beso robado.
- El aroma de las flores en una noche de verano.
- Tomarme el desayuno en la cama los domingos.
- Pasear por la montaña.
- Coger setas.
- Hacer fotos.
- Quemar incienso.
- Observar a los animales.
- Ir en bicicleta por la ciudad.
- Nadar en la piscina del barrio.
- Comer arroz con leche.
- Ir en coche escuchando música tras volver del trabajo.
- Ver un capítulo más de mi serie favorita del momento.

- Disfrutar echada en una tumbona la sensación de profunda relajación tras hacer una sauna y una posterior inmersión en agua helada.
- Hacer yoga al amanecer.
- Meditar con incienso, velas y música suave.
- La paz tras la meditación.
- La música triste cuando estás triste, la música alegre cuando estás alegre.
- La vitalidad y relajación tras el deporte.
- Relajarme en casa tras un largo día de trabajo.
- Las mil caras de la luna.
- Cuando las imágenes de una película se convierten en poesía.
- La poesía.
- Ser testigo de una sincera muestra de amor entre dos personas.
- Una cena con velas con la compañía deseada.
- Escuchar la música que resuena conmigo en ese momento.
- Las películas y los libros que me llenan de emociones.
- Un roce de piel.
- Una mirada que dice más que mil palabras.
- Un silencio lleno de significado.
- El batir de las olas y el sol.
- Ver amanecer.
- La comunicación más allá de las palabras.
- Compartir instantes/emociones.
- Hacer feliz a alguien.
- Ser, estar aquí, vivir, sentir.
- Las palabras de amor.
- Sentirse conectado a los demás.

- Un cielo lleno de estrellas.
- Los cuadernos bonitos.
- Escribir, transmitir.
- Sentir que eres importante para alguien.
- El cielo en sus infinitas formas y colores.
- Sentir en un instante de plenitud que toda la vida tiene sentido.
- Sentir que el sol está siempre más allá de las nubes.
- Mirar la luna desde mi ventana antes de ir a dormir.

Bibliografía

Me han inspirado para este libro...

ALLEN, James. *Los caminos de la felicidad*. Ed. Sirio, 2010.
— *De la pobreza al éxito*. Ed. Sirio, 2009.
BROWN, Michael. *El proceso de la presencia*. Ediciones Obelisco, 2008.
CASTANEDA, Carlos. *La rueda del tiempo*. Ediciones Gaia,1998.
DHIRAVAMSA. *La vía del despertar*. La liebre de marzo, 1996.
ISHA. *¿Por qué caminar si puedes volar?* Ed. Aguilar Fontanar, 2008.
LINDHL, Kay. *El sagrado arte de escuchar*. Mtm editores, 2010.
KATIE, Byron. *Mil nombres para el gozo*. La liebre de marzo, 2009.
KORNFIELD, Jack. *Camino con corazón*. La liebre de marzo. 1997.
— *Después del éxtasis, la colada*. 2001.
KRISHNAMURTI, Jiddu. *The light in Onself*. Shambhala Publications, INC, 1999.
MANZANERA, Juan. *La mirada del maestro*. Ediciones Dharma, 1999.

MORGAN, Marlo. *Las voces del desierto*. Ediciones B, 1996

ODIER, Daniel. *Deseo, pasión y espiritualidad*. Ed. Presencia, 2011.

OSHO. *El libro de la nada*. Ed. Gaia, 2004

THICH NHAT HANH. *Nada que hacer, ningún lugar adonde ir*. Ed. Oniro, 2010.

TOLLE, Eckhart. *Todos los seres vivos somos uno*. Ed. Debolsillo, 2010.

TORRES, Sergio. *Un puente a la realidad*. Ed. Océano/Ámbar, 2009.

VIERCI, Pablo. *La sociedad de la nieve*. Ed. Sudamerica, 2009.

VILLALVA, Dokusho. *Riqueza interior. Enseñanzas de un maestro zen*. Miraguano Ediciones, 2001.

AGRADECIMIENTOS

En primer lugar, quiero expresar mi profundo agradecimiento a Ediciones Obelisco por volver a darme una oportunidad con este segundo libro en los tiempos que corren. También debo agradecer a la vida que me permita aprender cada día y recoger ese aprendizaje en forma de letras que puedo compartir con los demás. Estoy contenta de saber que *Conquista tu Felicidad* no fue solamente una luz para mí sino también para otras personas, muchas de las cuales me escribieron para agradecérmelo; a todos ellos mi más sincero agradecimiento por hacerlo. En este libro, que habla de la magia que se esconde en las cosas sencillas del día a día, quiero dar las gracias especialmente a las personas que han añadido esos sencillos ingredientes en mi vida cotidiana y que le han dado la pizca de sal que da gusto a todo guiso. Especialmente a mis queridas amigas Mari Romero y Merche Colmenero. Su constante presencia, apoyo y cariño me han nutrido y me ha dado alas incluso en los días más grises. A mi amiga Ángela Ortiz, por seguir siendo implacable en mostrarme siempre la verdad de las cosas. A mi amiga Silvia Traver, por ser mi amiga desde siempre y mi fan número uno. A Amparo Burgos, por ser la gran persona que es y por seguir ahí después de toda una vida. Por supuesto, a mi hijo Dennis, por ser exactamente como es, un ser de luz y una alegría inmensa en mi vida. A mis padres, Juan y Piedad, incansablemente amorosos y atentos; a mis hermanos, Carlos y Juan Antonio, a mi hermana Eva, cuñados, Rocío y David, y al resto de mi familia, por vuestro amor y por ser el hogar que me da sustento. A mis compañeros y compañeras del Hospital de Sant Pau de Barcelona, y al resto de amigos y amigas que aportan contrastes y riquezas a mi vida, entre ellos M.ª José Serrano, Ana Rivas, Marga Sánchez, Pilar Segura, Carme Moresco, Diego Montilla, Ary Pillajo, Pilar Miranda, Tanja Mackenbach y Moisès Sala, por las conversaciones más vivas y por creer en mis posibilidades y proyección de futuro. A todos, gracias de corazón por aportar ese algo que hace que mi vida sea una vida plena. Os devuelvo con estas palabras todo mi amor.

Contacto:

www.maitebayona.com
info@maitebayona.com

ÍNDICE

Segundo libro de lo que el autor pretende que sea una trilogía titulada «El Ciclo del Jardín», *El manantial de las miradas* es la continuación –que no la segunda parte– del *El Jardinero*. Ya en el prólogo, Grian advierte que no le parecía adecuado hacer una segunda parte de su best-seller internacional, pero que, más allá del personaje del jardinero, seguía existiendo el jardín como lugar de paz y de aprendizaje, como decorado para unas enseñanzas que tienen su origen en la misma Vida, cuya más hermosa expresión es el jardín.

Así, sin jardinero, pero con jardín, aprendiz y nuevos personajes, *El manantial de las miradas* nos lleva de nuevo a la sabiduría de la simplicidad, a la lectura del Gran Libro de los Sabios: La Naturaleza. Pero esta vez sin el discurso magistral del jardinero, sino a través de las reflexiones y de las imágenes con las que nos envuelve la narración, a través de la ternura, del humos, de la paz y de la sorpresa que recorren los senderos del jardín.

Este libro es para los que se sientan desfallecer ante la dureza del mundo, un libro donde podrá asomarse el lector para, en el espejo del manantial, contemplar de nuevo la pureza primigenia de sus ojos.

El manantial de las miradas, la obra más madura de Grian, tanto en lo creativo como en lo espiritual, está llamada a seguir los pasos del primer libro de «El Ciclo del Jardín».

Cada día son más las personas que se sienten inclinadas a emprender la búsqueda de Dios movidas por una suerte de nostalgia o añoranza, y en muchas ocasiones no saben interpretar el desasosiego y la desorientación que experimentan.

Estos *Cuentos para buscar a Dios* intentan avivar esa nostalgia y orientan a las personas que buscan a Dios en su peregrinación. La obra no es una recopilación de cuentos literarios, escritos para distraer, sino de historias que se centran en el deseo y la aspiración de sus lectores, para dirigirlos hacia esa meta única que es la divinidad. Cada cuento es una anécdota, una parábola que nos puede ayudar en nuestra búsqueda.

Además de disfrutar con su lectura, la obra nos brinda la posibilidad de meditar sobre las reflexiones que nos aporta su interpretación. Poco a poco, cuento a cuento, comprobaremos cómo nuestro deseo de buscar a Dios se aviva gracias a la lectura de estos *Cuentos para buscar a Dios*.